钓鱼实战宝典

常见鱼种、钓法、装备及技巧

王少臣 王萌 刘红伟 编著 杜文达 摄影

人民邮电出版社

北　京

图书在版编目（CIP）数据

钓鱼实战宝典：常见鱼种、钓法、装备及技巧 / 王
少臣，王萌，刘红伟编著；杜文达摄. -- 北京：人民
邮电出版社，2017.8
　ISBN 978-7-115-45774-5

Ⅰ. ①钓… Ⅱ. ①王… ②王… ③刘… ④杜… Ⅲ.
①钓鱼（文娱活动）－基本知识 Ⅳ. ①G897

中国版本图书馆CIP数据核字(2017)第095553号

免责声明

内 容 提 要

钓鱼是一项亲近自然、充满野趣、有益身心的户外运动，无论老少都可以享受钓鱼带来的乐趣
和益处。本书是一本钓鱼大百科全书，涵盖了钓鱼基础、钓鱼方法、常见鱼类共同习性、钓鱼装备、
钓鱼技巧、常见淡水鱼种、常见海水鱼种、钓鱼的文明与安全八部分内容，全面细致、图文并茂地
介绍了钓鱼所需的相关知识，方便读者学习并一试身手。无论是钓鱼新手还是资深钓友，都能从本
书中找到实用的钓鱼指导。

◆ 编　　著　　王少臣　王　萌　刘红伟
　　摄　　影　　杜文达
　　责任编辑　　寇佳音
　　责任印制　　周昇亮

◆ 人民邮电出版社出版发行　　北京市丰台区成寿寺路 11 号
　　邮编　100164　　电子邮件　315@ptpress.com.cn
　　网址　http://www.ptpress.com.cn
　　固安县铭成印刷有限公司印刷

◆ 开本：700×1000　1/16
　　印张：13.25　　　　　　　　　　2017 年 8 月第 1 版
　　字数：275 千字　　　　　　　　2025 年 10 月河北第 33 次印刷

定价：58.00 元

读者服务热线：(010)81055296　印装质量热线：(010)81055316
反盗版热线：(010)81055315

目　录

七、常见海水鱼种篇

八、钓鱼的文明与安全篇

一、

钓鱼基础篇

1.1 钓鱼的益处

- 有益健康、修养身心和陶冶情操。
- 钓鱼的同时也使心灵得到净化。
- 一竿一丝一垂纶，青山绿水百鸟鸣。
- 可以使心情愉悦，和好友在一起也能增进友情。
- 可以缓解情绪，适于放松工作压力。
- 可以锻炼自己的耐心。
- 鱼儿上钩时可以获得兴奋感及成就感。
- 钓到鱼以后可以享受新鲜的美味。

适合钓鱼的人

◎喜爱户外运动的人　　◎有闲散时间的人

◎亲近自然的人　　　　◎有业余时间休闲的人

◎习惯沉思的人　　　　◎比较年轻的人

◎退休之后的老年人　　◎身边有钓鱼朋友的人

◎容易失眠的人　　　　◎具有经济实力的人

◎生活周边有水域可提供施钓点的人

◎商业钓鱼的人　　　　◎有免费钓鱼资源的人

◎爱钓鱼的人

不适合钓鱼的人

◎患有腰部伤病的人久坐钓鱼，对于腰部有损。

◎肾不好的人不适合钓鱼，容易过度劳累。

◎患有腱鞘炎的人不适合钓鱼，垂钓者在鱼咬钩时用力拽竿会损伤肩部。

◎患有心脑血管疾病的人不适合钓鱼，钓鱼的过程中突发情况较多，容易出现意外。

◎脾气急躁、性格喜动的人不适合钓鱼。

◎没有耐心、容易愤怒的人不适合钓鱼。

注意事项 1.2

气温的影响

气候对钓鱼的影响

　　钓鱼的收获，不仅与个人的技术有关，也和天气的变化、饵料的调配有着密不可分的关系。有些钓者总是收获不多，可能问题就出在没有把握好季节、气温、风、气压和雨等天气条件对垂钓的影响。

春季 冬季过后，大地回暖，春季来临，水温会回升到8℃以上，此时鱼儿的活动会随着水温的变暖而活跃起来。鲤鱼和鲫鱼等将陆续进入产卵期，因此需要大量的食物来满足身体的需求。在这种情况下垂钓，鱼儿咬钩的概率会加大。

夏季 进入酷热的盛夏季节，阳光直射水面，致使水温升到30℃以上时，鱼儿喜欢栖身于深水阴暗处纳凉，食欲也随之下降，在这种情况下很难钓到鱼。

秋季 到了初秋季节，水温达到25℃左右时，鱼儿的活动和食欲会增强，这个时期的鱼儿也容易上钩。

冬季 当冬季来临后，水温降到5℃以下时，鱼儿都潜入深水区过冬，在这种情况下就很难钓到鱼了。

气压的影响

　　气压的高低变化会直接影响到垂钓的收获。气压较高时，水体中的含氧量增多，鱼儿在含氧量较高的水中比较活跃。气压较低时，水体中的含氧量会变少，鱼儿会感到不适，活动量和食欲会下降。

低压天气下 鱼儿因水中含氧量降低而无心摄食，一般会浮游到中上层水域，或是停留在水草间栖息。

无云高温天气下 鱼儿虽然在深水阴暗处活动，垂钓者也能有不错的收获。另外，水中植物会在阳光的照射下，通过光合作用产生氧气，使水中的含氧量增大。

秋高气爽天气下 鱼儿的活动量和食欲会增大，此时咬钩概率会增大。

低云闷热天气下 水中的鱼儿会选择在气压回升后的夜里和早上觅食。

无风天气下 日出前后水中的氧气量最少，鱼儿会在缺氧的情况下乱蹿，从而导致水体浑浊，出现泛塘现象。这种情况是十分不利于垂钓的。

天气的影响

晴天 夏季的午间和冬季的早晚不适合钓鱼，其他时间都比较适合垂钓。

阴雨天气 冬季的早晚不适合垂钓，其他时间都适合钓鱼。夏季阵雨过后也有利于钓鱼。反之，在大到暴雨之后的天气或是雾气弥漫的天气，都不利于垂钓。

季节的影响

有经验的垂钓者都知道，春天和秋天都是垂钓的旺季，冬天则是垂钓的淡季。

春季 在春天，气温变暖，水温提升，越冬后的鱼儿会选择在中午暖和向阳的地方和深水区活动觅食，在这种情况下，可以选择在深水区钓底层鱼。

夏季 ①初夏。初夏时节，少数鱼类处于产卵期，这个时期的鱼类对食物的摄取量增大，因此有利于垂钓。

②盛夏。到了盛夏，太阳直射水面，水温升高，水中的饵料充足。这个季节是幼鱼发育、小鱼摄食的时期，在这种情况下，很难钓到大鱼。早晚比较有利于垂钓。

秋季 到了秋天，水体上层的水温会变凉，鱼儿大多会游到水体底层，这时适合钓底层鱼。中午时分水温升高，鱼儿会游到浅水层觅食，这种情况下比较有利于垂钓。秋天天气舒适，鱼儿体肥，食量较大，大鱼容易咬钩。

冬季 到了冬季，水温急降，鱼类潜入深水区休眠越冬，很少活动。尤其是在雨雪、寒潮过后，就更少有鱼类活动。反之，在暖冬的中午时分，水温回暖，此时便会有少量鱼儿游到阳光能够照射到的深水区觅食。在冬季只有这个时候才比较适合垂钓。

水文对钓鱼的影响

鱼是生活在水里的生物，因此钓鱼之前首先要考虑江、河、湖或是海洋的水文特点。哪处水域的水情适合垂钓，这些需要通过垂钓者对于水情的观察得知。只有明确水中有无鱼类、有什么鱼、鱼量有多少这些问题，才能正确地选择垂钓水域、钓点以及饵料和钓法。

观察水文 水文观察包括以下几个方面，即水色、动静、气味、水温、深度和流动变化等。水文的任何变化都可以反映出水中鱼儿的活动情况。所以，在垂钓之前观察水情尤为重要。这也是垂钓进行前的第一项重要的准备工作。

水体颜色 首先要观察水体的颜色。水体颜色是指水的颜色和浑浊程度，水体应该是无色无味的透明液体。但是水体中生活着大量的浮游生物。在鱼塘中通常会投放各种饲料和肥料，时间长了便产生了溶解和悬游物质。也有受到生活污水和工厂废水的污染等原因，使得水体呈现出不同的颜色。

常见颜色 水体颜色与垂钓的关系密切。有经验的钓者能够根据水体颜色来判断鱼类的活动从而选择诱饵的投放。下面我们就来介绍几种常见的水体颜色。

淡黄水 ①透明度：30～40厘米。②生物：水中生长着无隔藻、黄丝草、合尾藻和金胞藻。在这种水体中的鱼儿食欲旺盛，喜爱动物诱饵。

黄绿水 ①透明度：20～30厘米。②生物：水质为中性，水中生长着裸藻、褐藻、绿藻等藻类。此类水体比较适合鱼儿生长。水体中的鱼儿喜爱动物、植物诱饵。

深绿水 ①透明度：10厘米左右。②生物：水质较肥，在水中生长着绿藻、小球藻等。③天气：在这种水域，无风以及低温的阴雨天气时，鱼儿会因为缺氧而到水面呼吸，因此这时不适合垂钓。反之，气温在20℃左右时，水体中的鱼儿食欲旺盛，这时可以考虑进行垂钓。

淡褐水 ①透明度：20厘米左右。②生物：水中生长着褐藻、甲藻和绿藻等。正常情况下，这种水中的鱼儿食欲旺盛，喜爱植物诱饵。

深褐水 ①透明度：不到10厘米。②生物：水中生长着甲藻、褐藻等藻类，同时还含有较多的矿物质和腐殖质物质。③阴雨天：每逢阴雨天，鱼儿会因为缺氧而浮至水面吸氧，此时不宜垂钓。④晴天：在风和日丽的天气，水体中鱼儿食欲旺盛，喜食植物诱饵，利于垂钓。⑤也有些深褐色水体是由于环境污染造成的，水体中的鱼儿不吃食，有些甚至会中毒死亡，在这种水域禁止垂钓。

铜绿水 ①起源：水体中鱼腥藻、念珠藻等藻类大量繁殖，使水质变得混浊。此种情况多出现在夏季。②不适宜垂钓的时候及原因：遭遇异常天气时，藻类死亡，死亡后在水中分解时会消耗水中氧气，并产生有毒物质，从而影响鱼类生长，甚至使鱼类中毒死亡。故此时不适宜垂钓。③适宜垂钓的时候及原因：当水体颜色转为微蓝色，透明度变高时，表示水体中的蓝藻减少，藻类在光合作用下会产生氧气。此时鱼儿食欲旺盛，垂钓效果不错。

瘦水 瘦水是指清澈的水域，水中的透明度可达1米以上。在这种水域中基本不存在藻类和浮游生物。因而此类水域中也很少有鱼类，不适宜垂钓。

肥水 肥水是指水体颜色呈深绿色、黄色、褐色或草蓝色的水域。水中的透明度在20～30厘米，浮游生物较多，水体中含氧量充足。这种水域中的鱼类食欲旺盛，咬钩率较高。一般情况下，自然水域没有这种肥水，多为鱼池中施肥培殖所得。遇阴雨天时，藻类容易死亡，分解物会使肥水变质，造成水中缺氧，鱼儿食欲下降，不宜垂钓。

浑水　浑水是一种含有大量泥沙、水色为黄褐色的水体，水的透明度在 5 厘米以内，大多是因为暴雨过后，大量泥沙冲入河流所造成的。浑水除受污染外，一般情况下水中的含氧量较为丰富，食物较多。但因泥沙过多，会造成鱼类呼吸困难。只有凶猛肉食性的鲇鱼和类似沙鳢等小鱼吃食活跃。因此，在浑水中很难钓到鲫鱼、鲤鱼、青鱼和草鱼等鱼类。

污染水　污染水是指受到工业废水或生活废水污染的水域。一般情况下，水体颜色呈黑色、棕褐色，也有深蓝色、红色的，少数水色甚清，但异味刺鼻。这类水体中都含有大量的有害物质，水中几乎无鱼类生存。由于污染问题，所以在这种水域不能垂钓。

除此之外，水体的浑浊度与水情也有很大的关系。一般来说，浑浊度适中的水域，鱼儿都比较活跃，摄食量增大。我们把水体的浑浊度分成 11 个标准级别，清水为 0 级别，浑浊的泥浆水为 10 级别。这样看来，4 ~ 6 级别的水体浑浊程度比较适合垂钓，因为水体浑浊度适中适于鱼类生存。

钓鱼地点的选择

一般情况下，经常有人钓鱼的地点，鱼儿的警惕性较强，识别诱饵的经验比较丰富。因此在这里钓鱼时应选择较隐蔽的地点进行垂钓。例如，隐蔽的水草边，鱼看不到人影和钓竿。反之，在荒僻遥远的水塘，前去钓鱼的人不多，鱼儿缺乏自保经验，比较容易上钩。要注意的是在偏僻水塘钓鱼要做好充分的安全防护措施，尽量结伴而行，以免发生危险。

杂物顺流而下，在下风口的水域鱼类食物丰富，因此下风口是鱼儿密集的地点，上钩概率增大，适宜垂钓。下水口处，雨水和沟水都会流入池塘，属于食物聚集之处，鱼儿也喜欢在这里聚拢。综上所述，这类地方鱼儿上钩的概率大，可以选择为钓点。

根据鱼儿的藏身地点选择钓点。例如石洞、水草堆、石头旁、木头旁、树根旁等地都是鱼儿聚集藏身的地点，皆可选为钓点。

碰到各种条件都具备的钓点，若是水草或藻类植物太多，不易下钩。可以用竹竿等工具拨开一些水草。反之，如遇到过于空旷的水域，可在水面上特意放些水草，起到隐蔽作用。具体的做法要视钓点实际的情况而定。

1.3 鱼的生活环境

鱼在水下到处移动，主要是为了找到充分的食物来源，满足自身的能量需求。另外，鱼类属于变温动物，它们的体温会随着水温的变化而发生变化。不同季节会对水温产生明显的影响，水温变化会影响鱼类的活动。

水温 鱼类在不同的季节因水温的变化会有不同的活动范围。即使在一天中，它们的活动区域也会因为水温的变化而发生改变。因而食物和水温的变化是影响鱼类活动的主要因素。

天气 鱼类的摄食同样受到天气的影响。例如，天气闷热、气压偏低时，鱼儿会出现厌食现象，体型较大的鱼类会躲在水底不动。而当水温较低时，鱼类的代谢功能变慢，也会出现拒食现象。只有水温适宜、含氧量充足时，鱼类才会善于活动，主动觅食。这时其咬钩率将成倍提高。

洄游 另外，鱼类还有一种特殊的生活习性——洄游现象。它们通过这种活动来摄取生存过程中的各种需要。洄游现象同时可以保障种群的繁衍生息。总体而言，鱼类的洄游现象分为四种：索饵洄游、趋暖洄游、生殖洄游和越冬洄游。经常钓鱼的人不难发现，鱼儿的洄游对于垂钓也有着不同程度的影响。每到春季，河流中的鲫鱼、鲤鱼、鲇鱼等都会从深水区游到浅水区繁殖。而到了夏天大雨过后，水中的鲤鱼也会游到上游水域的进水口进行觅食。秋高气爽的时节，鱼群便会从浅水区游到深水区准备过冬。这些现象都是鱼类洄游的表现。

垂钓过程中的安全常识 1.4

1. 到野外进行垂钓，最好约上三五好友结伴同行，可以互相照应。

2. 户外垂钓时，要注意饮食健康。忌饮生冷或不干净的水。在垂钓的过程中不可饮酒，以防止酒后失足掉入水中。

3. 选择钓点，要避开周边有高压线等危险设施的钓点。当遇到暴风雨等恶劣天气时，不可贪钓。在野外避雨时，忌在大树下或是高坡上，以防雷击。

4. 患有疾病的垂钓者，外出垂钓时一定要带上急救药品。另外，还要注意垂钓的时间不宜过长，避免疲惫。

5. 在垂钓的过程中，垂钓者每隔一两个小时应起身做一些放松运动，减轻身体和眼睛的过度疲劳。

6. 钓点要选择安全的地方，谨防落水。

7. 野外垂钓要做好防护措施，防止蚊虫和动物叮咬，带上必备药品，在遇到意外时要做紧急处置。

8. 要爱护自然环境，不可将杂物丢弃在野外。将钓上来的小鱼扔回水里，切忌丢在钓点周边引起腐败发臭。

9. 爱护钓点周边的农作物，不可与周边的人群发生争执。

10. 夜钓时，注意保暖，多带衣物，并带好必要的照明工具。

二、钓鱼方法篇

传统钓 **2.1**

● 最"老式"的钓法，也是钓友们用得最广泛、最普遍的钓法之一。
● 不但可用于淡水钓，也可用于海洋钓。

传统钓的钓法分类

钓法	优势
朝天钩钓法	主要分单钩和双钩两种，优势是鱼坠和鱼钩合二为一
睡钩钓法	适应性最强，能够做到稳、准、狠地钓多种鱼类
立钩钓法	无论是上钩率还是捕获率，都高于睡钩钓法
张钩钓法（排钩钓法）	在湖泊、水库等静水水域使用效果好，多为渔人所用
延绳钩钓法	适用于渔场广阔、潮流较缓的海区，以钓海鱼为主
绷钩钓法	绷钩钓法不需用漂
竹卡钓法	用来钓下层鱼，因其纲绳全部沉入水底，所以不用浮漂
轮车竿钓法（甩钩钓法）	广泛用于淡水钓，也可用于海洋钓

2.2 海钓

指垂钓者在海边的礁石上、沙滩上、海滨防波堤上、海中岛屿上及船上，在大海中进行垂钓。

海钓的特点

海钓时，要认识海洋所具备的三大适合垂钓的特性。

1. 海洋存在寒、暖洋流。许多海鱼有随着洋流游动的习性，寒、暖洋流会带来大量的有机物和浮游生物，尤其在每年寒暖洋流交汇之时，更是海鱼觅食的最佳时节。

2. 海洋有潮汐的涨落。海水涨潮时会把大量的海鱼带到岸边，此时有利于垂钓；落潮后则不利于垂钓。

3. 早、晚海面相对平静，适宜垂钓。白天海上易起大风浪，甚至会危及垂钓者的生命安全，所以不宜垂钓。

不同钓法	优势
矶钓（礁石钓）	我国沿海地区最流行的海钓钓法
码头钓	钓点容易寻找，钓位安全性好，钓获量较多
船钓	不易受潮汐的影响，有更多品种的鱼类可以选择
浮筏钓	主要目标鱼类是鲷类鱼，钓点就在身边是一大优势
滩钓	不需要浮漂，专钓底层鱼，目标鱼类为沙梭和石首鱼科
失坠式手线钓	主要用于夜钓，适合对水下情况比较了解的水域

台钓 | 2.3

即台湾钓鱼技法，可以分为休闲钓和竞技钓两种。目标鱼类为鲫鱼、鲤鱼、鳊鱼、鲢鳙、草鱼等多种淡水经济鱼。

台钓的优缺点

优点 台钓具有灵敏度高、隐蔽性强、对目标鱼的诱惑力大等优势。作为新传入的垂钓方式，对于大陆钓者来说，台钓能做到又多又快地钓上目标鱼，这不仅表明了台钓技术上的先进性，更满足了钓者的征服欲和成就感。

缺点 台钓的优点虽突出，却有一定的局限性。台钓只适合在养殖池、池塘等地点，钓一些高密度的小型鱼类，不适合在自然水域或恶劣天气条件下进行垂钓。而且相对来说台钓的装备比传统钓的装备昂贵，需要雄厚的物质基础做后盾。另外，在应用上，台钓调整浮漂比较复杂，需要具备一定垂钓经验的钓友才能掌握，因此不适合刚入门的垂钓爱好者。

路亚 | 2.4

即仿生饵钓法，也叫作"拟饵钓法"，是用模仿的弱小生物来引发大鱼攻击的一种钓法。路亚讲究技巧，需要竿、饵和轮的配合操作。

路亚的优缺点

优点 路亚的装备具有方便携带、随用随取等优点，而且更加环保。使用路亚钓法绝对不会对水质造成污染。

相对于台钓来说，路亚钓法在时间上没有局限性，无论是白天还是黑夜都可以任意飞竿。而台钓必须在相对平坦的陆地搭台施钓，而且台钓最长的竿只能控制在 20 多米，对于大型水域，如果想钓到鱼类的话，台钓的手竿还是比较有局限性的。

缺点 虽然路亚相比传统台钓有很多优点，但也存在着一些不足。路亚一般是 3 个钩（即 3 本钩），能钩到鱼的一般是 1~2 个钩，有时甚至是 3 个钩，而且一般的 3 本钩都带有倒刺，解钩的时候非常麻烦，还会令鱼流血不止，就算放生也无法存活。

路亚在每次收竿后，都需要重新理线，用线轮卷线，否则就容易乱线。

三、

常见鱼类共同习性篇

共同习性 3.1

想要钓好鱼，首先要对鱼的生活习性有所了解，大多数鱼类都存在着共同的生活习性，只要我们牢记这些习性，在钓鱼时细心观察，加以实践，就会提升鱼的上钩率，钓到更多的鱼。

针对水温的习性

鱼类是变温性动物，它们的体温会随着水温的变化而变化。常见的淡水鱼最适合的水温一般是 15~25℃，因此这也是最适合我们钓鱼的水温。在这个温度区间里，淡水鱼的活跃性越强，生长发育就越快，处于到处觅食的状态，是最容易上钩的时候。当水温高于或低于这个范围时，鱼类会根据自己的体感，游到水温最适合自己生活的水域。

针对声音的习性

鱼类对声音的反应是极其敏感的，水面和岸边只要有细微的动静就会引起鱼类的警觉，此时鱼类就会立刻停止觅食和咬钩。所以我们在选择钓点的时候，要尽量选择比较僻静的地方进行垂钓。"喜静、怕扰"是所有鱼类的共同习性。我们在垂钓时，要尽量保持安静，切勿高声谈笑，更不要试图往水中扔石头。同时我们在做"下钩"或"起水"的动作时，动作尽量放轻，特别是在比较清澈的水域。

针对嗅觉的习性

鱼类在水中是通过鼻孔来发挥嗅觉功能的。鱼类的嗅觉十分灵敏，能够快速感受到味道并加以识别。即使是在夜晚钓鱼，鱼也会上钩，这正是因为鱼类能用嗅觉辨识物体，感知鱼饵的存在。也有一部分鱼类视觉辨识能力很强，不完全依赖嗅觉也能在水域中发现饵料。

针对溶氧度的习性

水域中的氧气主要来源于水生植物的光合作用。水中溶氧量的多少，除了与水生植物的光合作用有关，还会受天气因素的影响。相关研究表明，当水域含氧量饱和，即达到 6 毫克/升以上时，鱼类才会感到舒适，才会更为活跃，食欲更加旺盛，不仅会吃得多，还会长得快、长得肥。相反，如果含氧量低，鱼类便会烦躁不安，甚至会停止觅食。

四、

钓鱼装备篇

鱼竿 4.1

想要钓好鱼，首先要对鱼竿有所了解，大多数的鱼竿都有以下几个部分构成，了解这些组成部分及作用，可以提升钓鱼的成功概率，钓到更多的鱼。

● **竿身**

目前最常用的竿身有玻璃纤维竿身和碳素纤维竿身。

● **轮座**

主要指绕线轮与鱼竿接触的连接器。

● **手柄**

主要是橡胶制品，用来防滑，也可购买防电防潮带自己做。

● **导环**

主要起固定鱼线的作用。

● **鱼竿接口**

方便收纳鱼竿，防止鱼竿损坏。

鱼竿的种类

碳素竿

定义

碳素竿，又叫碳纤维鱼竿，属于众多钓竿中的一种。与普通的玻璃钢钓竿以及一般传统的钓竿相比，其优点是显而易见的。

特点

碳素竿的韧性较好，重量较轻，大多采用高科技碳维素材制造而成，具有很好的抗张强度。

注意

碳素竿具有一定的导电性，因此在使用这种钓竿时，一定要注意防电。另外，碳素竿中的碳素含量有高低之分，目前含碳素量较高的钓竿多来自日本。

台钓竿

分类

台钓竿主要分为四种，分别为鲫鱼竿、鲤鱼竿、竞技竿和战斗竿。

特点

鲫鱼竿是专门为垂钓鲫鱼而制造的，特点是重量较轻、韧性较好，可以用来垂钓鲫鱼、武昌鱼等类似体型的鱼类。鲤鱼竿是为垂钓中大型鱼类而生产的鱼竿，特点是竿壁厚实、韧性强、抗冲击力较好。

溪流竿

定义

溪流竿是特意为在山涧溪流和水流较急的浅滩等水域垂钓生产的钓竿。钓竿的前节竿尖为实心体，具有良好的韧性，便于携带。

长度

竿的长度有2.7米、3.6米、4.5米和5.4米四种。适合垂钓长吻鱼、油鱼、短须颌须鱼和马口鱼等中小型鱼类。

← 矶钓竿

型号

矶钓竿，是用于矶钓的鱼竿。矶钓竿通过数字符号分为轻矶钓竿和重矶钓竿两种。国内常见的大多是3号以下的轻矶钓竿。

种类

矶钓竿品种繁多，有长短和软硬的区别。有的可以远投钓大鱼，有的可以速钓大、小鱼，也有的可以近距离垂钓中、小鱼。

← 海竿

定义

海竿又名投竿或抛竿。海竿的柄部安有一个渔轮，当用力甩竿时，渔轮快速转动，可以把饵钩抛到较远的水域。

发展

我国古时候就有这种带着渔轮的鱼竿，而现代则是从外国传入中国的。海竿性能很好，传入以后迅速被国内垂钓者青睐。

路亚竿 →

定义

路亚竿又称假饵竿。路亚钓法就是所谓的仿生饵钓法，也被称为拟饵钓。原理是钓钩模仿弱小生物从而引发大鱼吞钩。

根据环境选择鱼竿

合理选竿 垂钓爱好者在选择购买鱼竿之前，应当了解一些选竿常识。

钓鱼的方式分为两种，一种是休闲钓，一种是竞技钓。由于两种钓法具有一定的区别，需要购买不同的钓具，因此垂钓者在购买之前要先明确钓鱼方式。大多竞技型垂钓者选择的钓具是中高档鱼竿，价格从几百元到几千元不等。垂钓者攀比心理较强的，一套竞技装备花几千元，甚至上万元也是常有的事情。

交通工具 交通工具对鱼竿影响很大。

要是有私家车，装载渔具就不成问题了。如果无私家车，就要考虑到交通工具所带来的不便。一般情况下，想要骑着自行车携带垂钓装备几乎是不可能的事。因而专业的垂钓者大多都配有私家车。若是为了休闲垂钓，那么选择一般的碳素竿即可。

选择长度 在选择鱼竿之前，要明确适合自己的鱼竿长度。

经验不足的垂钓爱好者，应该请一位懂行的朋友同行，这样便可以放心选购物美价廉的渔具产品了。长度在一米以上的，接口较少、受力均匀、重量较轻；长度在 0.6 米左右的，接口过多、受力不均、手感较重，是便于携带的短节竿。

损害比较 在运输携带过程中，较长的钓竿更容易受到损害。

经验表明，将两种长短不同的鱼竿绑在自行车车架上，自行车突然倒地，长鱼竿的损害一定比短鱼竿严重。在自行车运动的过程中，两根鱼竿顶端的运动速度不一样，长鱼竿的运动半径大于短鱼竿，因此运动速度快于短节竿，受到的冲击力比短节竿强。所以，其顶部更容易受到损害。

不同价位 品牌和价格很重要，鱼竿的质量和钓绩息息相关。

竞技钓者对竿体重量要求比较高，在保证硬度的前提下，鱼竿越轻越好。材料档次高，重量轻、价格贵。钓鱼竞技比赛对鱼竿的长度有着严格的要求，主要有 3.6 米、4.5 米和 5.4 米三种长度。

鱼竿的保养

经过暴晒后　在竹竿、手竿和海竿中，竹竿是最怕太阳暴晒的。

损伤程度	如果收竿的时候没注意，直接把竹竿给捂了，那么下次使用时你会发现竹竿可能被腐蚀，并且多多少少会有些霉菌，同时失去水分过多，竹竿失去弹性，造成垂钓时随时可能出现因弹力不均造成竿身折断的现象
处理方法	使用鱼竿后，应该先用温度为50℃左右的湿毛巾轻轻地来回擦拭鱼竿，这种做法被称为"补水"。待擦拭5分钟后，晾20分钟，然后再用一块绒布抹上一点车蜡，再继续擦拭整个鱼竿，这种做法被称为"上蜡"。擦拭完后，只要将鱼竿晾一夜再收起来即可

下雨浸湿后　鱼竿淋湿后我们会拿干布擦拭，但第二天使用时还是会出现鱼竿摸起来潮潮的感觉。

损伤程度	如果经常这样，不仅鱼竿表面的光洁度会降低，而且鱼竿还会被腐蚀。时间长了，在鱼竿受力时会出现断竿的现象
处理方法	在拿干布擦拭的时候，要把鱼竿打开，一节一节地擦拭，然后放在通风处晾干，再收起来，如果有条件的话上点车蜡再晾干，效果更好。这样做会延长鱼竿的使用寿命，杜绝因保养不当而引起的断竿现象

每年开春时

保养方法	在每年开春的时候，最好把鱼竿拿出来晾一下，再把鱼竿一节一节地打开，用鹿皮或麂皮布擦掉上面的浮土。然后再打上一层车蜡，从而保持鱼竿的光洁度和亮度
气温影响	上完蜡的鱼竿要放在阳光照不到的阴凉处保存。保存鱼竿的地方温度不要过高，夏季在30℃以下即可，冬季在18~20℃即可

钓鱼淡季——冬季

在冬季，除了有的钓友喜欢冬钓外，大多数不垂钓的钓友需要把鱼竿养护好。

如果是碳素竿，在不垂钓时则需把鱼竿晾干，然后最好放在买鱼竿时装鱼竿的盒子里，温度保持在20~25℃，湿度不大于60%即可。如果没有盒子，就把鱼竿收藏在布套里，布套一定要包裹住鱼竿，然后再收藏。鱼竿在收藏时，一定要竖放，不要横放，横放容易导致鱼竿变形

重要的保存环境

损伤程度	如果不小心选择了潮湿的环境保存鱼竿，就会直接造成竿身掉漆，更严重的还会造成竿身起泡，导致配件生锈，使导眼、轮座、尾栓等失去作用，整个鱼竿无法再使用
处理方法	针对这种情况，我们要在用完鱼竿后将鱼竿放到通风的位置晾干，一定要用干布擦干，晾干一夜后再收竿

不让鱼竿做装饰品

有的钓友喜欢在钓完鱼后把鱼竿一根根地接好后挂在墙上，觉得方便晾干又美观。

损伤程度	这样鱼竿会落上灰尘，而且更容易变形、老化，尤其是碳素竿。变形、老化后的鱼竿无法再使用，就算勉强使用也容易造成鱼竿的断裂，甚至影响到垂钓者的自身安全
处理方法	遇到这种情况，我们最好及时把鱼竿晾干后放到避光的地方储藏，这样做能有效地延长鱼竿的寿命

鱼线 4.2

鱼线，也称作钓线。它的作用是将钓具配件连接起来，用以衔接钓竿和鱼钩。鱼线在整个垂钓过程中起着至关重要的作用。鱼线选择得好坏直接影响到能否钓到合适的鱼类。

鱼线的组成

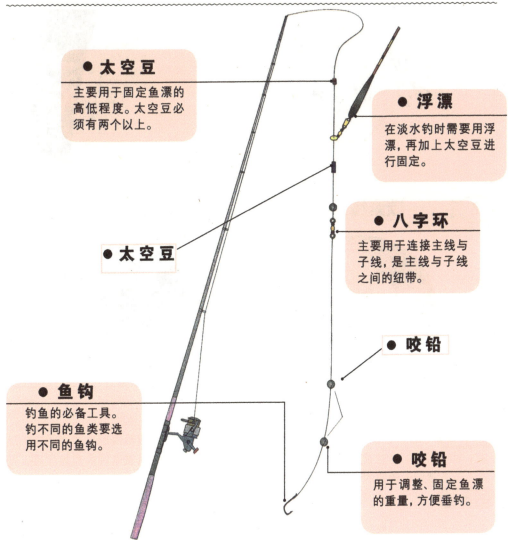

● **太空豆**
主要用于固定鱼漂的高低程度。太空豆必须有两个以上。

● **浮漂**
在淡水钓时需要用浮漂，再加上太空豆进行固定。

● **太空豆**

● **八字环**
主要用于连接主线与子线，是主线与子线之间的纽带。

● **咬铅**

● **鱼钩**
钓鱼的必备工具。钓不同的鱼类要选用不同的鱼钩。

● **咬铅**
用于调整、固定鱼漂的重量，方便垂钓。

鱼线的种类

① 尼龙线

定义　尼龙线又叫传统线或是四色线。尼龙线一般是使用树脂材料，对其加工抽丝制成。成型后在成品的表面添加其他工艺，如上色，上光等。

特点　无色透明、拉力强、弹性好、切水快、垂钓灵敏度高。耐用、持久、柔软，冬天不易硬脆，垂直性能好，因此尼龙线在市场上占有主导地位。

注意　尼龙线主要有两种规格，一种是引用欧美国家的重量单位磅作为计重单位的。例如，10 磅（约 4.536 千克）规格的尼龙线，它的拉力最大能够承受 10 磅左右的重量。另一种是日本制造的尼龙线，通常都以号数规格区分。

 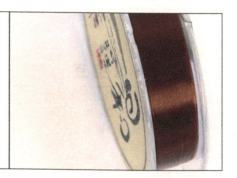

② 碳素线

 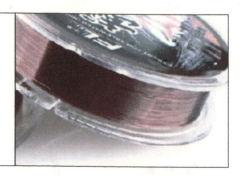

定义　碳素线是指在制造过程中加入碳素材质制成的一种鱼线。

特点　这种碳素材质的鱼线比较耐磨，但延展性较差。碳素线的比重大于水的比重，因此它的切水性比较好，比较适用于矶钓时使用。又因为碳素线的质地较硬，所以还经常被用于船钓的长子线或绑式挂组。

注意　市场上所卖的碳素线良莠不齐，购买时应注意辨别。

③ ----- 编织线

定义 编织线即布线、火线、大力马线、PE线，是由多股丝线编织而成。

特点 具有较好的拉伸力。

早期的编织线没有加覆膜工艺，容易吸水，不容易保养，但是它的耐磨性和高拉力性比较好，因而受到了船钓者的追捧，但切水性较差。还有一种在制造过程中加入覆膜工艺的防水编织线，是由多股编织线制成的，又名火线。这种编织线切水性也好，但其受损部分容易形成毛球，易断裂，质地较硬。融合线是一种在编织线上加入覆膜工艺，在此过程中加入多股尼龙线的编织线。它的优点是高拉力值和耐磨性。因为制作中加入了尼龙线，所以这种线比一般布线柔软，回弹性好。

④ ----- 陶瓷线

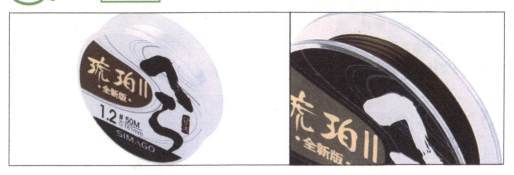

陶瓷线是近年来日本（桑莱印）株式会社新开发的一种高强力鱼线，在进入我国市场后被称为太阳线，主要采用高分子聚合材料，在线体成型中对原材料分子的间隙内填充特种树脂，以此来提高鱼线的抗拉强度和防水性。之后再加第二层特种树脂，以此来增强钓线的耐磨性。最后在第三层增加特种树脂，提高抗水性。由于该种鱼线具有优良的抗拉强度、耐磨性，不容易结节，质量轻，渔讯反馈灵敏，所以人们又称它为陶瓷线。

5 超强 PE 纤维钓鱼线

以超强 PE 纤维为原料，线体表面加入了润滑因子，改进了鱼线表面的涂层，使鱼线经久耐用，颜色持久，同时能够防止磨损和褪色。减少缠结，打结更方便。具有抗磨损、不会切断导线、性能持久、线径细等特点，适合用作钓鱼线、风筝线、滑水牵引绳等。

6 碳氟涂层线

一种新型的尼龙线，能够保证拉力和结节强度的最大值，吸水率基本为零。碳氟涂层隔绝了水对尼龙线的浸入，进一步保证了线在水中的拉力和强度。表面光洁度的提高，加快了线的切水速度，比重没有发生变化，但切水速度却快了许多。它的光滑、柔软也给垂钓带来一种舒服感。选购时可采用火烧的鉴别方法，烧后的碳氟尼龙线既有碳化物也有熔化物，而烧后的尼龙线只有熔化物。

7 合成线

合成线是在尼龙线的制作过程中，在成品线中加入其他的材料，使线可以漂浮于水上或悬浮在水中的钓线。适合用作矶钓的半浮水线、包含有油性物质的全浮水线以及树脂加工添加抗拉物质的投线等。

鱼线的选择

在挑选鱼线时，我们首先应确定要钓的鱼类、鱼的大小、水域的情况、鱼竿的类型以及其他因素，然后再确定需要什么样的鱼线。此外还要确定鱼线的强度、韧度、抗磨损性、延展性、弹性、线结强度、切水性、可见度和耐久性。

一般品牌鱼线的号数和线径基本是相符的，只有杂牌鱼线才会出现漂号与线径误差较大的情况。在选择时，为弄清鱼线的实际线径，我们通常需要一些仪器来辅助选择。例如，测量时可以用千分尺，其精确度可达 0.01 毫米。在确定线径后，我们可以用记号笔在线盘上标记出测量后的数值，方便快速、准确地找到适合自己的鱼线。

鱼线的选择技巧

目测　拿着鱼线对着阳光或灯光，观察鱼线表面的光洁度、透明度是否统一。如果表面不亮且浑浊，说明鱼线是旧线，最好不要选择。

手测　取出一段鱼线，双手握住两端，用力拉扯。如果不易断裂，则说明是好线；相反则是坏线，最好不要选择。

尺测　取出卡尺测量鱼线的直径是否标准，或用弹簧秤测试鱼线的拉力。

根据实际情况选择鱼线

在湖、江、河、水库等大型水域垂钓	选择线径较粗的鱼线
在养鱼池、人工养殖鲫鱼的水域垂钓	选择 1 号鱼线
在有野生鲫鱼的水域垂钓	选择 0.8~1.2 号鱼线
在有猾鱼（猾口鱼）的水域垂钓	选择越细的鱼线越好
在静态水域垂钓	选择细线垂钓
在动态水域垂钓	选择粗线垂钓
根据鱼的大小来选择	钓大鱼用粗线，钓小鱼用细线

手竿钓线的选择

选择同品牌的鱼线

不同品牌的鱼线有不同的优势。大多数有经验的钓友都会选择同一品牌不同号数的鱼线，而不是同一号数的鱼线购买两个品牌。

一般"强攻"和"久战"型的鱼线，从大号到小号都是根据国内钓友的垂钓习惯研制而成的。例如，"强攻"型的0.1~0.25号鱼线，是一种略偏硬的鱼线，在钓小型鱼的时候具有不易缠绕的优势。同时因为这样的鱼线是细线，所以即使在冬钓的时候使用也不会影响系鱼钩。又比如，"强攻"型最大号的主线是3.0号的鱼线，这种鱼线会比其他品牌的主线软一些，所以这种鱼线具有沉水快等优势。

根据钓法选择鱼线

用手竿时，通常情况下细线主要用于竞技钓、钓鲫鱼类的小鱼或特别狡猾的大鱼；粗线主要用于休闲钓或与竞技钓混用。换言之，竞技钓和休闲钓的鱼线是由鱼线号数的大小来决定的。

矶竿钓线的选择

根据钓法选择鱼线

看柔软度 鱼线从绕线轮绕出去的时候是呈螺旋形的，鱼线在被离心力甩到远方的时候，由于鱼线本身存在弹性，会产生一段回弹，所以在选择矶竿的鱼线时，要选择比较柔软的、弹性大的鱼线。

看线径 因为矶竿的特性，需要凭借离心力将钓组送入钩位，离心力的产生要利用铅皮和鱼饵的重量，所以线越细就会甩得越远。通常直径在0.3毫米以上的鱼线会与鱼竿摩擦发出异响，而直径在0.235毫米以下的鱼线，其拉力又太低，所以我们最好选用直径为0.235~0.285毫米的鱼线。

看比重 为矶竿选择鱼线时，应该选择比重1以上的鱼线，最小也要选择比重在1.0的鱼线，否则鱼线会漂浮在水面上。在我们垂钓时，经常会出现这种情况：当鱼钩脱离钓位时，漂在水面的鱼线会减慢鱼钩刺入鱼嘴的速度。

路亚竿钓线的选择

尼龙线 最适合路亚竿的鱼线非尼龙线莫属。一是因为尼龙线的价格比较经济实惠，适合大多数钓友；二是在垂钓时，鱼儿上钩都是发生在收线过程中，突然警觉的鱼需要大力引拨，因此更需要结实的尼龙线。只有尼龙线才能对钓组直接产生冲击力，使鱼不容易脱钩。

PE 纤维线 在用路亚竿的时候，为了应对目标对象鱼对鱼线有更猛烈的拉力的情况，我们通常会选择PE纤维线。PE纤维线具有结构紧实、对鱼讯传导灵敏等特性，所以深受许多钓鱼高手的青睐。若将整个钓组都以PE纤维线进行配置，能做到更精确地掌握水中的鱼讯，从而增加捕获量。

碳纤维线 碳纤维线是比较大众化的选择，使用范围广，价格也公道。碳纤维线不仅能避免钓组前端的磨损，更能抵御某些海鱼尖锐牙齿的啃咬。它有利于张线和钓组的开展，多用于子线部分。

鱼线的使用

在垂钓的过程中，通过实际操作鉴别鱼线的好坏。垂钓时，通过水体浸泡鱼线，可以鉴别出鱼线防水性的优劣。若是鱼线表层的制作工艺粗糙，原料密度不足，防水层涂抹不到位等问题都会在实际操作中体现出来。鱼线一旦出现吸水迹象，钓组的灵敏度会随之下降，从而影响鱼讯的正常传递。综上所述，做工细致的上等钓线是不会出现吸水问题的。还有耐磨性也是衡量钓线优劣的标准之一。经常有钓线上需要加一些小配件，并且在垂钓过程中需要反复调整配件位置，上下摩擦钓线，倘若钓线质量较差，会出现起毛、分叉等问题，影响钓线拉力。还有就是鱼线的打结问题。在垂钓时，线组根据需要，要在鱼线上打结，鱼线在打结处拉力强度会降低，鱼线的强度越高，质量越好，拉力强度也降低。因此在购买挑选鱼线的时候，可以用打结的方式来检查鱼线的强度大小。

鱼线的保养

1. 垂钓者在每次垂钓结束后，应及时将沾在鱼线上的水渍用质地柔软的干布擦干净。

由于垂钓水域水的组成成分较为复杂，因此残留在线上的水渍容易腐蚀鱼线，导致鱼线强度降低。

2. 鱼线擦净后，要把它们轻轻地缠在绕线盘上。在缠绕的过程中尽量让鱼线保持松弛，不要紧绷，因为鱼线在长时间的受力下，会导致其弹性降低。

3. 绕线器最好选择圆形的。方形绕线器四边都有直角，鱼线长时间缠绕在上面会造成弯曲点的强度下降，并且放下来的鱼线会带有棱角。

4. 鱼线应该储藏在干燥、无光、无污染的地方。避免因为受潮而产生变质和老化。

5. 在外垂钓时，要注意将缠有钓线的绕线器和其他杂物分开放置，避免鱼线被刮伤，更切忌与油脂放在一块。

6. 倘若发现钓线的颜色出现改变、褪色、发黄或变脆等迹象，表明钓线已经老化或正在开始老化。此时应更换新的钓线，以免垂钓时断线跑鱼。

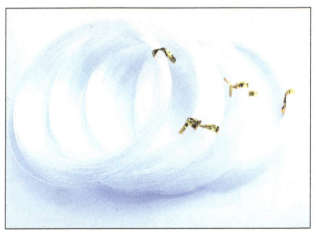

鱼线和鱼钩的绑法

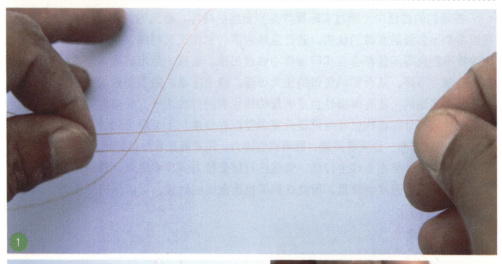

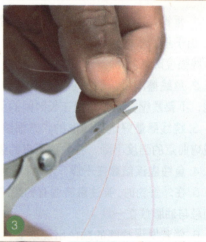

①拿出长短合适的主线。
②将主线的一端对折，打
一个结扣。③将打结后的
一根分线剪掉。④在现有
结扣的上面再打一个结扣。
⑤主线打结完成。

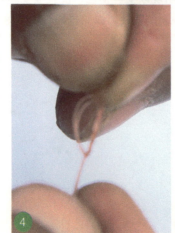

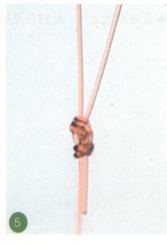

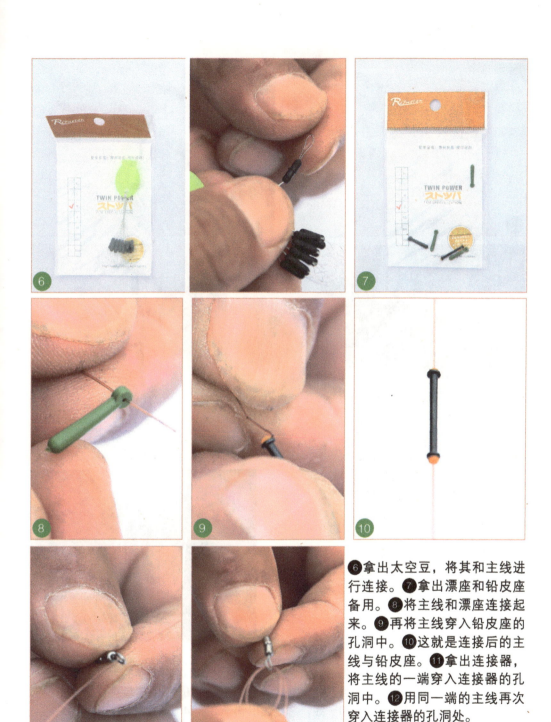

⑥拿出太空豆，将其和主线进行连接。⑦拿出漂座和铅皮座备用。⑧将主线和漂座连接起来。⑨再将主线穿入铅皮座的孔洞中。⑩这就是连接后的主线与铅皮座。⑪拿出连接器，将主线的一端穿入连接器的孔洞中。⑫用同一端的主线再次穿入连接器的孔洞处。

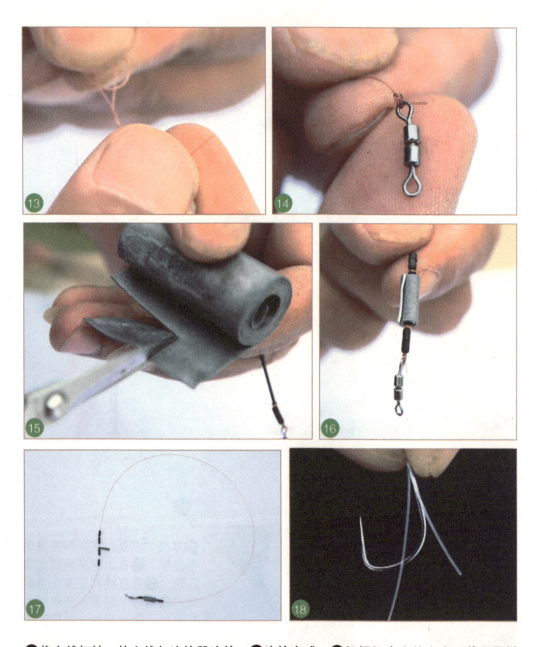

⑬将主线打结，使主线与连接器连接。⑭连接完成。⑮根据铅皮座的大小，剪下同样长度的铅皮。可以先比对一下面积的大小，再进行裁剪。⑯将铅皮包裹在铅皮座上。⑰主线绑扎完成。⑱拿出钩子和子线，将线超出钩子3～4厘米的地方压住。

⑲右手拿起子线的另一端，将压住的子线与钩子紧紧缠在一起，绕 3～8 圈，打个死结固定。⑳用同样的方法，将子线的另一端也拴上一只钩子。㉑在子线的中间打个结，整套钩组捆绑完毕。㉒将子线的打结端穿入主线的连接器中。㉓用"8"字环将子线和主线进行连接。㉔至此，鱼钩和鱼线的绑扎工作完成。

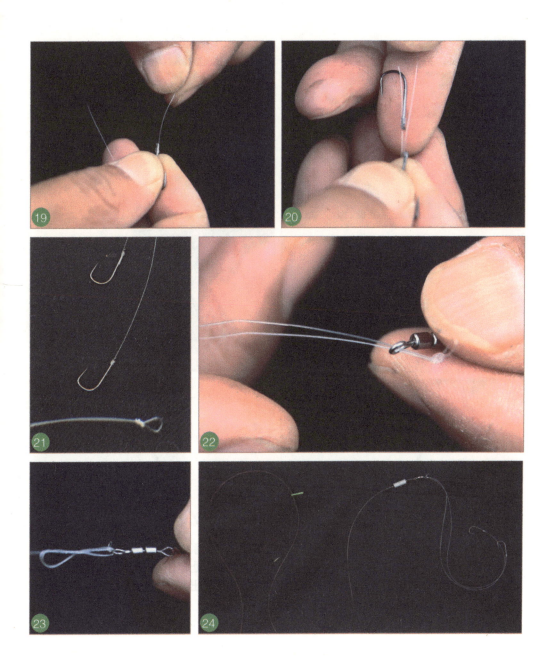

鱼线和鱼竿的绑法

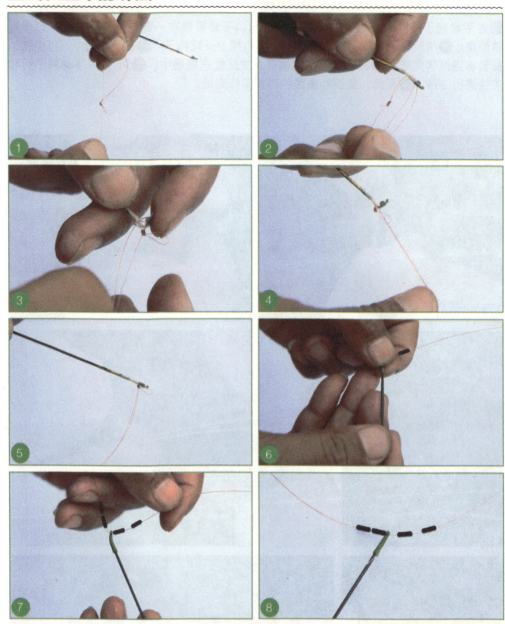

①将主线打好结的一端制成一个活扣。②将钓竿的前梢系线头打结，用主线的活扣套住钓竿前梢的系线头。③用左手食指压住钓竿前梢系线处，防止主线脱落。④左手搂住钓竿前端，右手向后将活扣拉死。⑤绑制完成。⑥拿出浮漂，将浮漂插入漂座中。⑦适当移动浮漂，确定其牢固性。⑧制作完成。

鱼轮 | 4.3

鱼轮也叫鱼线轮，是固定在海竿手柄前方的钓具，是构成海竿钓组的主要部分。

鱼轮的组成

● **轮脚**

主要用来将鱼线轮固定在抛竿的轮脚座上。

● **线挡**

线路出线的开关，一般竖起来表示"开"，放平表示"关"。

● **逆止钮**

● **拽力调整钮**

用于调整线轮拽力的大小，是海竿钓大鱼的利器。

● **线槽**

用来储存鱼线，其大小用容线量来表示。

● **线夹**

用来固定线轮上的线头。

● **摇柄**

主要用来转动线轮。

鱼轮的分类

纺车型线轮

又称旋压式,是较普遍的一种鱼轮,深受抛竿钓爱好者的喜爱。其优点是轻巧灵活、结构简单、使用方便;缺点是操作使用不当时容易炸线。适用于江河、湖泊、水库等自然水域钓淡水鱼。

水滴轮

属于卧轮的一种。水滴轮与纺车轮相比,体积较小,抛投精确度高,出线比较容易控制。但抛投掌握不当时,容易炸线。专业级的垂钓选手会选择使用水滴轮作为垂钓装备。

海钓轮

是海钓浮游矶钓的专用轮,根据鲷鱼的生活习性和方便垂钓者而设计。海钓轮由普通的纺车式鱼轮进化而来,钓中型鱼时,一只手就可以控制出线量和出线速度,深受海钓爱好者的喜爱。

鼓式线轮

用途广泛，性能优良。轮的轴心两侧均装有轴承，两侧固定有轴心盘，类似鼓形。轮上装有精巧的平行缠线器及数显装置，为钓者提供钓饵入水的深度。船钓时以船上的动力电为电源，驱动绕线轮自动收线。

鼓式轴承线轮

由侧板、止转竿、卷线槽、摇臂、平衡重锤、轮脚等部件组成。其鱼轮大、收线速度快、性能较好、结构简单、使用方便，而体积大、重量大、抛投距离短是它的缺点，一般只在深度海域船钓和矶钓时使用。

封闭式线轮

由摇臂止转押键、摇把卷轴盖、出线孔等部件组成。如果使用不当就会出现乱线的现象。卷线槽口是密封的，避免伤线和乱线。靠押键出线，一触压即可出线，易学易用。这种线轮只适合在水面较小的环境中使用，以钓取体型较小的鱼类。

双轴鼓式线轮

又称胴突卷线器。双轴承和卷线槽直径大是它的优势，收线阻力小，速度快，用于配合海钓用重型抛竿使用，主钓的鱼类为一些个体较大、挣扎能力较强的海水鱼类。

叉式齿型线轮

由手轮、土轮、轴杆、卷线槽、叉形轮叶、螺帽、螺栓等部件组成。结构简单，大多采用玻钢、竹木、胶木和金属材料制成，装配在实心插接式玻璃钢抛竿上。适用于湖泊、水库等较大的水域，适合垂钓者钓取个体较大的鱼类。

电子线轮

电子线轮是一种带有电子显示、海钓专用的线轮。钓者将钓饵抛入海底，线轮可准确地显示出海水的深度和所抛出的钓线的长度，适合于海钓。

鱼轮的使用方法

纺车鱼轮的使用方法

首先，上线。翻起拨动架，将鱼线的线头系在线杯上，然后放下拨动架，摇动手柄，就可以将鱼线绕在线杯上了。在上线的时候尤其要注意的是，无论要装多粗的线，都要略低于线杯的槽口，这样做可以有效避免乱线。

其次，上竿。将绕有鱼线的绕线轮安装在鱼竿上，拧开鱼竿的轮座，再将轮脚插入轮座，最后关闭或拧紧轮座即可。在上竿时需要注意的是，绕线轮一定要在鱼竿上牢牢地绕紧，否则在用力抛线时容易导致鱼轮意外被抛出去。在安装完轮子后，需要试着用手上下晃动绕线轮，观察绕线轮是否安装牢固了。

再次，调节泄力旋钮。泄力旋钮是绕线轮上一个调整力度的装置。泄力的调整是根据鱼线钓力的大小来调节的。例如，鱼线的拉力是 3 千克，那就可以在线端挂上 1.5~1.8 千克的重物，这时鱼竿和鱼线都是相互垂直的，绕线轮可以做到自动放线。

最后，抛线。从鱼轮放出 30~40 厘米的鱼线，然后将鱼挡翻上，再把鱼线扣在食指上，并用手指压住鱼线，双手将鱼竿举过头顶，竿柄指向某一处，最后将饵团钓组放置于自己脑后方的位置。

在抛竿时，左手应该适当地往下方后压，当钩饵由身后甩到身前上空时，右手在松开压线手指的同时，顺势将鱼竿向前甩一些。当钩饵飞出后，鱼竿的竿尖还应对着某一处。当钩饵与铅坠完全落入钓点后，稍微停顿一会儿，再将线挡用手调至复位，即可收紧多余的鱼线，最后将鱼线固定。

注意，要检查一下逆止开关是否关闭，若没关闭，应及时关闭，以免造成抛竿时跑线的现象。

鼓形轮的使用方法

鼓形轮有大、中、小 3 种型号，在轮体都装有开、半停、停 3 个控制开关。

鼓形轮与纺车轮相比，多了抛投控制系统。该系统有磁力刹车和离心刹车两种，在抛投的过程中，可以做到随抛投物速度的减慢而降低线轴的转速，以防造成炸线的情况。

在使用鼓形轮的时候，要先将鱼线穿过导线环，再系紧到绕线轮上。

绕线的高度最好低于绕线轮边缘的高度，高度差保持在 1.5~2.0 毫米，避免缠得过多或过少，造成不能正常抛线的情况。别看鼓形轮的体积不大，但装鱼线的量很大。

在准备抛线时，要先调节一下调整钮，这样做是为了调节绕线轮出线的速度，防止绕线轮输出过快而出现反冲的现象。接着，用大拇指推压离合按钮，调到适合自己的力度即可。继续用大拇指推压离合按钮，使绕线轮和导线轮处于分离状态。最后，摆好抛竿姿势准备抛竿即可。

鱼轮的选择

不同鱼轮的优势

纺车轮的优势

纺车轮适合抛轻饵和远投，而且抛投难度低。纺车轮结构简单，便于操作，后期的拆装和保养也很方便。价格不贵，适合各个阶层的钓友选购。

鼓形轮的优势

鼓形轮具有收线量大的优势，适合钓大鱼的时候用，在使用时可以让钓者轻轻松松地控制住大鱼，并能做到收放自如。

叉式齿型轮的优势

叉式齿型轮最大的优势是，在钓中型鱼收竿的时候手感非常好，能使钓友充分感受到垂钓的乐趣。

鱼轮的保养

使用鱼轮时

在使用时，尽量避免与礁石等坚硬的物体发生磕碰，磕碰会直接导致鱼轮的内部金属结构受损腐蚀。切记不要将鱼轮跌落到砂砾中，由于砂砾棱角较锋利，若不小心渗入例如滚珠轴承等内部部件中，鱼轮则很有可能无法再继续使用。

使用鱼轮后

尤其是在海钓后，最好将鱼轮的线轴取下并放入温水中浸泡一下，避免海水中的盐分对线轴的损坏，然后再用干净的毛巾把机体擦拭干净，最后放到阴凉处吹干即可收藏起来。若不方便，也可以利用吹风机，调到弱风的挡位进行吹干。主要部件需要仔细擦干，传动部位要检查是否需要加润滑油。

储存鱼轮时

在阴凉处存放时，不要挤压或碰撞鱼轮，也不要把东西压到鱼轮上，最好把鱼轮收藏在专门的小袋子中保存。市面上的轮袋主要有两种，一种是日本进口的轮袋，由耐磨、防水的弹性纤维制成；另一种是国产轮袋，外面由尼龙纤维包裹，内里由耐磨海绵制成。

鱼轮清洗年限

鱼轮每使用一年，在不垂钓的时候就需要对鱼轮进行全面的拆卸和清洗。

鱼轮装线打结法

❶ 以纺车轮为例，利用飞蝇备用线来进行打结。

❷ 将钓线如图所示对折。

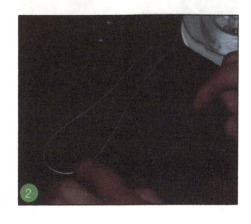

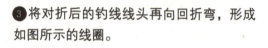

❸将对折后的钓线线头再向回折弯，形成如图所示的线圈。

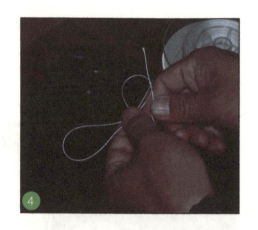

❹折弯回的线头如图穿进刚才自身形成的线圈内，相当于缠住了第一次对折的两根线体。

❺重复上一步骤，缠绕 3~4 圈。

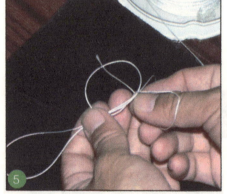

❻缠绕完成后，如图所示两手拉住线结的两端抽紧线头。

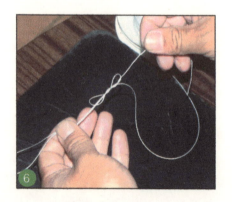

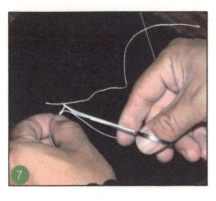

⑦抽紧线头后，用剪刀剪断余线即可。这时，可以看出已经绑成了一个活套线圈，并且活套部分的线结也非常牢固。

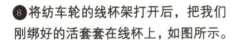

⑧将纺车轮的线杯架打开后，把我们刚绑好的活套套在线杯上，如图所示。

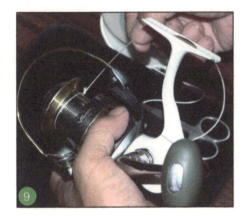

⑨如图所示，抽紧钓线，使活套紧勒在纺车轮的线杯上。

⑩最后，关上线杯架即可开始绕线了。

鱼漂

鱼漂又叫浮子或浮漂。浮漂主要是通过鱼线把鱼吞食饵料的情况反馈给垂钓者。借助浮漂的浮力，可以钓到不同水层的鱼类。

鱼漂的结构

● 漂苗

又称漂尾。漂尾上会涂有不同长度的色段，称为"目印"，是观察鱼汛的重要标志。

● 漂脚

在水面上主要起到固定浮漂的作用。

● 主浮体

应用时可以减少水的阻力，能够快速地反映鱼讯。

鱼漂的作用

传递鱼吞食钓饵的信息

浮漂在水中的反应非常灵敏。当有鱼触碰或是吞食饵料的时候，饵、钩的位置会发生变化，这种变化从浮漂上就可以看出。

显示钓点的位置

在大片的海域中，由于浮漂都是由醒目的颜色组成的，所以能够方便垂钓者准确地找出钓点的位置。

使饵、钩处于不同水层

调整浮漂与铅坠之间的配重关系，可以使饵、钩停留在不同深度的水层中，方便垂钓不同水层的鱼类。

及时反映水的深浅

在底钓的时候，从浮漂到钓饵的长度就是水的深度。

体现咬钩鱼的种类

不同的鱼类的摄食习性也不太相同，反映到鱼漂上也不一样。经验丰富的钓友可以根据浮漂的不同反映，判断出是什么类型的鱼在咬钩，甚至连鱼的大小也可以辨别出来。

鱼漂的分类

按鱼漂的类别分

立式浮漂

立式浮漂有棒形、纺锤形、辣椒形、中穿立形、伞形、羽毛漂等，适合用于吞饵动作比较小的鱼类。

球形浮漂

　　球形浮漂有圆形和枣形两种类型。这种浮漂的特点是钓力大，适合用于钓中上层水域的鱼类，又称浮钓。

线浮漂

　　线浮漂又称为蜈蚣漂、七星漂等。它是用禽类的粗羽毛制作成圆形、椭圆形的浮漂，或使用小塑料球进行串连而形成的浮漂。

按漂脚的材质分

碳脚浮漂

　　碳脚浮漂细，受水阻力小，可以使浮漂的重心降低而稳定，可快速反映微弱鱼汛，对浮漂的灵敏性与稳定性有极大的影响，是现在最实用的漂脚材质。

钢脚浮漂

钢脚浮漂质地较硬，适合在水库或风大的深水区域使用，漂身平稳，不受体型大的鱼和大风的干扰，减小了鱼在下摆过程中就饵的难度，稳定性好，抗风性能好。

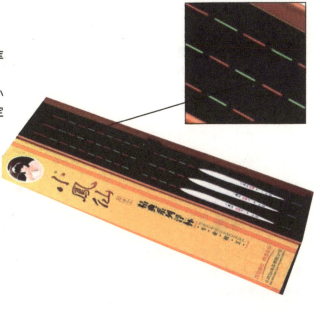

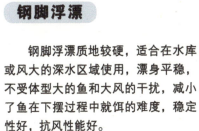

竹脚浮漂

竹脚浮漂是常见的棒浮漂，多用于传统钓，重量轻、浮力大、漂身软。常立在水面上，1/3露出水面，它们对鱼汛的反应灵敏度比较高。

按漂体的性质分

巴尔沙木浮漂

巴尔沙木浮漂是现在使用最为普遍的浮漂材料，它浮力很大，是制作标体的良好材料，可采用机器加工，从而降低生产成本。易于批量生产是它的优点，木质毛细孔间隙不均匀则是它的缺点。

羽毛浮漂

羽毛浮漂最常见的是以孔雀翎做成的浮漂。孔雀翎属于高级浮漂材料的一种，具有很高的硬度与稳定性，可做出极为灵敏的浮漂。其制作工艺复杂，技术层面较高，制作工艺稍有疏忽，浮漂的灵敏性就会受到极大的影响。

芦苇浮漂

芦苇浮漂以芦苇作为漂体材料。首先要选用符合要求的芦苇秆，在它的中间插入一支长碳纤维棒，再经过多重打磨将它磨成浮漂形状，涂漆，上色，画上图案，最外面涂上透明防水漆，这样芦苇浮漂就做好了。

按漂体的外形分

长身浮漂

长身浮漂适合钓中下层快鱼，可逮截杀、抓停口，稳定性高，但这并不是绝对的，钓者应根据当时所垂钓的水域、鱼情、季节、鱼类和天气来决定与选择。

短身浮漂

短身浮漂适合钓上层鱼，其翻身最快，灵敏度高，信号传递稳，但这并不是绝对的，钓者应根据当时所垂钓的水域、鱼情、季节、鱼类和天气来决定与选择。

如何挑选鱼漂

1. 水皮漂是指在上层水域垂钓时用到的浮漂。这种浮漂的特点是漂脚较短、漂身短且粗和漂尾较短，入水后翻身速度快。

2. 上浮漂是指在中上层水域垂钓时用到的浮漂。这种浮漂的特点是较短的漂脚、与水皮漂相比略长且粗的漂身和大约十目的较长漂尾，入水后翻身速度较快，饵钩下沉时间较长。

3. 中浮漂是指在中下层水域垂钓时用到的浮漂。这种漂的特点是漂脚较长、粗大的漂身和较长的漂尾。这种浮漂的漂尾分为硬尾和软尾两种，硬尾大约十五目，软尾大约七目。入水后饵钩会快速到达钓层。

4. 底浮漂是指在底层水域垂钓时用到的浮漂。这种漂的特点是较长漂脚、细长流线型的漂身和较长的漂尾。浮漂的漂尾分为硬尾和软尾两种，硬漂尾约十五目，软漂尾约七目。入水后饵钩快速到位，下顿动作较大。软尾漂漂尾为空心，整体浮力较大，灵敏度也较低。软尾漂的动作真实性高，主要用于钓滑口鱼和顶漂鱼。硬尾漂漂尾为实心，整体浮力较小，灵敏度也较高。漂尾的长短不同，特点也大不一样。漂尾越长，饵钩入水后降落的时间越长，也就是行程越长。缺点则是漂尾越长灵敏度也会越低。

如何挑选出坚挺结实的浮漂

掂一掂

把鱼漂放在手中，轻轻扔起浮漂掂其重量，过重的鱼漂会比较笨，过轻的浮漂会浮起来，只有重量适中的鱼漂才可以。

弯一弯

双手轻轻地握住漂体的两端，将其轻弯以试其强度，辨别浮漂是否坚固耐用。

弹一弹

用手弹一弹浮漂的漂脚或漂苗，听其声响是空是实，如果想钓到更多的鱼，最好选择弹起来空实兼备的浮漂。

掰一掰

用手掰浮漂的漂脚位置，观察其是否结实。

如何挑选出灵敏度高的浮漂

1. 材质轻，浮力大。

2. 漂尾细，质地好。

3. 漂体流畅，阻力小。

4. 结构合理，上重下轻，平衡点在漂体中部。

浮漂的收纳工具

漂盒

　　漂盒具有保存浮漂的功能，使浮漂避免受重物挤压而变形，损坏浮漂。漂盒要避免放在阳光下暴晒，长时间不用的浮漂应经常拿出来在水中浸泡一会儿，防止它干裂。

调漂的方法

第一步

　　空钩半水不到底调漂。

　　往钓区抛出漂，将铅皮慢慢剪去，一直到漂尖露出水面半目或呈水平。

第二步

　　两饵轻触底。

　　调漂完成后，再将不带鱼饵的空钩抛至钓区，可见浮漂下沉到某一目就不再下沉了，这时露出的目数就是当下最适合我们鱼饵的调目。

第三步

　　挂饵料调漂。

　　在双钩中的任何一钩挂上饵料，再往钓区抛出，此时会发现浮漂往下沉没，之后修剪铅皮，再重新挂饵料抛出。反复几次后，再修剪铅皮，直到量出饵料悬停在半水的状态，漂尖露出水面呈水平状为止。

第四步

　　浮漂上下移动。

　　以这种方式调漂，完成双钩挂饵抛出，浮漂一定会缓慢下沉，接着再将浮漂往上移动，至双饵底露出两目即可开始垂钓了。

呈垂直状的鱼漂

下沉到正常位置的鱼漂

台钓浮漂适合的鱼类

粗短硬尾浮漂	适合钓中下层鱼，翻身快，下沉也快
短身短尾浮漂	适合钓上层鱼，翻身最快
长身细硬长尾漂	适合钓中下层快鱼，可以逮截杀、抓停口
小号细长身细硬尾浮漂	适合钓底层的滑鱼
细长身短软尾浮漂	适合钓底层轻口滑鱼
尖肩膀长身细硬尾浮漂	适合钓涮口滑鱼，下沉快，回升相对慢
竹脚短身细硬尾浮漂	与碳脚浮漂相比，立起快，到位也快
台钓浮漂用数字来表示浮力大小	台钓浮漂的数字越大说明浮力越大，比如1号漂比0号漂的浮力大

浮漂的漂相解读

为了方便钓友掌握中鱼时的漂相，下面为大家介绍 20 种最常见的漂相

1 浮漂轻点轻触
　　多为鲫鱼在试探，当频繁连点连触时，可以提竿。

2 浮漂微微上升又缓慢下沉一目到半目
　　说明鱼已上钩，可以提竿。

3 浮漂偶尔缓慢下沉
　　仔细观察，下沉速度越慢说明鲫鱼越大。

4 浮漂微微颤动后，微微下沉半目到一目，漂动即停止
　　这时需在浮漂刚开始下沉的时候就提竿，稍有缓慢，容易错失良机。

5 浮漂有力，并开始猛点时
　　注意观察，若只点一下而且动作较大，不下沉也不上送时，说明饵料已经吃到鱼嘴里，很有可能鱼的体积较大，应及时提竿。

6 浮漂连续点动，动作很小
　　多为鲫鱼上钩的迹象，可以及时提竿。

7 浮漂点动后，然后慢慢上送
　　动作越慢说明鲫鱼越大，动作越快说明鲫鱼越小。

8 浮漂横向移动，还微微有点向下移动
　　说明鱼已上钩，可以提竿。

9 浮漂横向移动，不送漂也不黑漂，只呈现横向移动
　　注意观察，若一直出现横向移动现象，则说明鱼已上钩，可以提竿。

10 浮漂在水下突然忽闪一下，然后停止
　　多为鱼在水下觅食时，无意碰及鱼线所致，不必理会，无需提竿，不要有任何举措，以免惊吓到鱼。

11 浮漂在水中出现轻轻斜向位移、平移或微微下沉的现象

说明鱼已上钩，可以提竿。

16 未见浮漂下沉，但送漂时发现往往是大鱼

说明鱼已吞饵，抓住时机，及时提竿。

12 浮漂开始连续不停地微微颤动

说明鱼已咬钩，抓住时机，及时提竿。

17 浮漂突然快速下沉，或快速上浮

多为小鲫鱼在咬钩，可选择性提竿。

13 浮漂横卧在水面，漂不沉不动

多为大鲫鱼在半路咬钩，应及时提竿。

18 浮漂在水面微微连续点颤、轻送或轻沉

说明鱼正在咬钩，应及时提竿。

14 送漂后，浮漂迅速恢复原状，漂为一目送平后又恢复原始状态

出现这种情况时，多为虾、蟹的脚拨动所致，此时若提竿多为空竿。

19 找窝或试点的时候，如果空钩下送，浮漂不下沉或出现突然下沉的现象

多为鱼咬空钩，应及时提竿，虽然这种情况较少，但也要仔细观察。

15 黑漂后迅速恢复原状，漂相为一目斜向入水，然后再恢复原状

多为小杂鱼在咬钩，可以不做任何举措，以免惊吓到大鱼。

20 漂尾被缓缓顶起，只送半目或最多到一目，然后浮漂不动

这种情况比较常见，多为鱼上钩所致，理应及时提竿，避免错失良机。

浮漂的日常保养问答

Q 如何存放？

A 正确做法

浮漂在不用的时候，应该存放在坚硬的漂盒中或圆筒中，避免重物挤压所产生的变形或损坏。

Q 浮漂使用后如何保养？

A 正确做法

在使用后，应该及时擦洗干净。先用干净的布蘸取清水，从漂脚开始向漂苗方向擦拭，然后用纸巾再擦一遍，最后再放入漂盒中收起来。

Q 擦完的浮漂可否放在阳光下晾晒？

A 正确做法

擦完的浮漂最好不要放在阳光下晾晒。一般的鱼漂都涂有防水漆，不怕水，但会怕光，如果经常晾晒在阳光下，容易出现掉漆的现象。

Q 长时间不用的浮漂应该怎么处理？

A 正确做法

对于长时间不用的浮漂，应该时常拿出来在水中浸泡一会儿，让浮漂身上的防水漆及时得到水分的滋养，以防干裂。

调漂的术语解读

调目	通过加减铅皮而设定的浮漂与水面相交的平衡点
钓目	指在实际垂钓时，浮漂露出水面的目数
浮漂的鱼汛语言	指浮漂因鱼吃饵料而产生的信号，都是鱼汛的语言。鱼汛语言主要分为降讯语言、定讯语言和次降语言三类
降讯语言	指的是当铅坠入水带着钓饵和浮漂下沉的过程中，直到钓饵沉到某一位置不动为止，在此期间有鱼来食，浮漂所表现出的鱼汛语言
定讯语言	此类语言出现在钓饵到位、浮漂处于静止不动之后。一般有下顿、上浮下顿、送漂、黑漂四种最具代表性的语言
次降语言	指钓底鱼不吃食，出于无奈，轻轻拉动浮漂，带动钓饵离开水底做一次下沉，引诱鱼来吃食，从饵离底到再次定位之间出现的语言
剩余浮力	当浮漂在水中处于平衡状态、静止不动的时候，露出水面上的示漂部分被称为剩余浮力。露在水面上的目数越多，剩余浮力就越大
浮漂的自身语言	当浮漂入水到静止不动，处于平衡状态时，浮漂会表现出翻身、站立、停顿、下沉、反弹和定位共六种自身语言。这六种语言都有各自的规律，如果在此之间有鱼来吃饵，必定会打破这几种语言的规律

4.5 鱼钩

鱼钩是钓组中重要的组件，主要由中碳钢、高碳钢以及合金钢等材料制成。好的鱼钩具备坚、利、韧、劲的优点。

鱼钩的结构

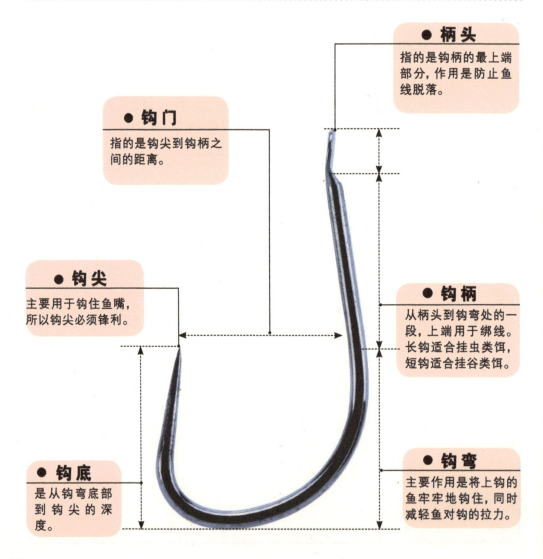

● 柄头
指的是钩柄的最上端部分，作用是防止鱼线脱落。

● 钩门
指的是钩尖到钩柄之间的距离。

● 钩尖
主要用于钩住鱼嘴，所以钩尖必须锋利。

● 钩柄
从柄头到钩弯处的一段，上端用于绑线。长钩适合挂虫类饵，短钩适合挂谷类饵。

● 钩底
是从钩弯底部到钩尖的深度。

● 钩弯
主要作用是将上钩的鱼牢牢地钩住，同时减轻鱼对钩的拉力。

鱼钩的种类

伊势尼钩

伊势尼钓钩的特点是钩柄较短、钩身较粗、鱼钩的硬度很好。鱼吞钩后不易吐钩，吃钩率高于长柄钩，主要适用于钓淡水中的大鱼。在抛钓中，也常用其制成爆炸钩使用。

伊势尼钩

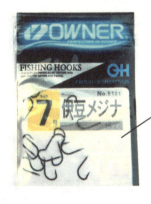

伊豆钩

伊豆钩的特点是钩尖稍向外翻、钩柄较长、钩尖较为锋利，比较适于垂钓淡水中的鲮鱼和乌头鱼等。

小矶钩

小矶钩的钩柄与伊势尼钩相比更短，钩身更粗。小矶钓钩的钩身呈圆弧状，鱼的咬钩率较高，比较适于垂钓淡水鲤鱼、草鱼和乌头鱼等。

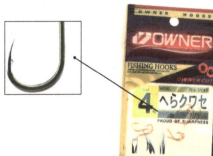

袖钩

　　袖钩的特点是钩尖锋利、钩柄较长、钩条细且钩身轻，比较适于垂钓靠吸入取食的小型鱼类，适合快钓快取，多被用于垂钓白鲫和小白条等。

千又钩

　　千又钩的特点是钩柄较长、钩尖与钩柄不平行且向内弯起，因此也被称为歪嘴钩。鱼吞钩后不易吐钩逃脱，比较适合垂钓多种淡水鱼类。同时它也是比较常见的海钓钩型。

新关东钩

　　新关东钩的特点是钩柄较长、钩尖锋利、钩门较宽。鱼儿的咬钩率高，有快钓快取的优越性，比较适合垂钓淡水鱼，如鲫鱼、罗非鱼等。

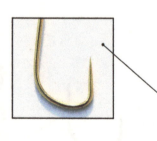

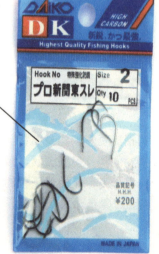

新关东钩

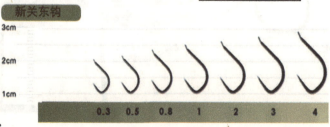

| | 0.3 | 0.5 | 0.8 | 1 | 2 | 3 | 4 |

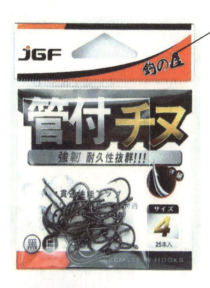

管付千又钩

管付千又钩的特点是钩柄尾端弯成圆形。管付千又钩形与千又钩形一样，鱼线通过钩柄圈系住鱼钩，拴线牢固，以钓取较大的鱼类。多用于海钓凶猛的鱼类，当大鱼吃钩后不易逃脱。

号数	4	5	6	7	8	9	10	11
数量	11	11	11	11	11	10	10	9

丸世钩

钩尖外撇，略像伊豆钩，但钩形不同；钩条粗细适中，钩柄长。一般用作海钩使用，因海鱼吃食凶猛，且牙齿锋利，需要钩柄长一点。也适合垂钓淡水鱼中的白鲳鱼。

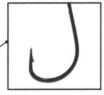

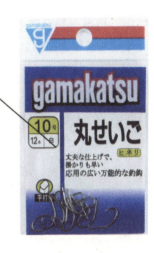

串钩

串钩在淡水钓和海水钓中都比较常见，是由五个或更多的鱼钩等距离地系在子线上组成的。串钩分为两种，一种是一根子线上有多个钓钩；另一种是子线上有若干分支线，分支线上系着多个钓钩。系在子线上的鱼钩由深至浅地悬于主线上，可以钓取不同水层的鱼类。

朝天钩

朝天钩属于传统钓法中的必备钓钩，其质量好坏和大小直接关系到钓绩的好坏。在冬季野钓中，朝天钩是一件必不可少的装备。

朝天钩

竞技钩

竞技钩因采用无倒刺钩尖，钩尖较短，可能容易跑鱼。无倒刺钩的卸鱼速度比有倒刺钩的快好几倍，在垂钓小型鱼类的淡水钓中，相当一部分野钓爱好者会有选择地使用竞技钩。

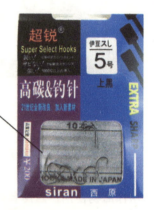

爆炸钩

爆炸钩用于海竿钓法。在红色锦纶强力拉力下，六枚鱼钩环形张开，中间的弹簧设计更加快捷，方便上饵团。适用于淡水水域抛钓，可钓取较大的青鱼、草鱼等类型的鱼类。

拟饵钩

拟饵钩也叫"仿生钩"或"假饵钩"。拟饵钩是由各种现代材质制成的，将其外形做成仿生饵的形态，用来隐蔽鱼钩。拟饵钩一般用于海钓，通过抛、拖和逗等方法，引诱中上层水域凶猛的鱼类上钩。

鱼钩和鱼线的搭配

鱼类	主线	子线	浮漂	型号
竞技钓小鲫鱼	0.3~0.4 号	0.1~0.3 号	1~3 号（底、浮钓用）	袖 0.5~2 号
野生鲫鱼	0.4~0.8 号	0.2~0.4 号	1~5 号（底、浮钓用）	袖 2~3 号
中型鲫鱼	0.8~1 号	0.3~0.6 号	2~5 号（底、浮钓用）	袖 2~4 号
冬鲫	0.4~0.6 号	0.2~0.3 号	1~3 号	白袖 1~3 号
马口	0.8~1 号	0.5 号	4 号	关东钩 4 号
白条	0.8 号	0.4 号	3~5 号	白袖 2 号
梭边鱼	0.3~0.4 号	0.2 号	1~3 号	白袖 1 号
2 公斤以上大鱼	2 号	1 号	4 号	伊势尼 5 号
5 公斤以上大鱼	4 号	2.5~3 号	5~6 号	伊势尼 8 号
10 公斤以上大鱼	5~7 号	3~4 号	5~7 号	伊势尼 10 号
草鱼	4~6 号	3 号	5~7 号	伊势尼 8~10 号
大青鱼	4~6 号	3~4 号	5~7 号	伊势尼 8~11 号
花白鲢	5 号	3~4 号	大号长尖标	伊势尼 8~10 号

鱼钩的选择

根据外观挑选鱼钩

外形 鱼钩的外形一定要光滑、平整，钩条粗细要均匀。

钩尖 鱼钩的尖部必须锋利。选购时可用钩尖在指甲上划，如果钩尖能勾得住指甲，则说明钩尖锋利。

强度和韧性　　用手捏住钩尖顶部，然后向外推拉，如果发现有鱼钩断裂或是弯曲变形的现象，则说明鱼钩不够结实，最好不要选择。

根据鱼类挑选鱼钩

根据鱼的种类进行挑选
如鲫鱼，鲫鱼具有口小、唇薄、性格温和等特点，所以适合使用小型、钩条较细的鱼钩。

如鲤鱼，鲤鱼具有口大、唇厚、咬力大等特点，所以适合使用钩门宽、钩底深、钩条相对较粗的鱼钩。

根据鱼的大小进行挑选
在不了解鱼情的情况下，宁可选择小钩也不要选择大钩，以免影响鱼量。不过最合理的还是根据鱼情去挑选鱼钩。

鱼钩的绑法

以管付鱼钩为例，介绍鱼钩的捆绑方法。

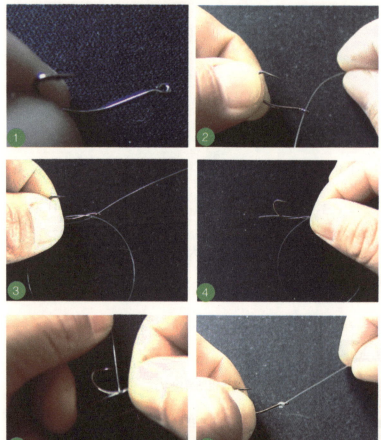

❶首先注意管付钩的钩柄是一个圈。

❷将线穿过钩柄上的圈。

❸线穿过后，如图绕成一个圆圈。

❹换一个方向再看一下线头的方向。

❺用一只手捏住线圈的交叉点，另一只手撑开线圈并将线如图所示绕到钩柄上，将钩柄与线头线缠在一起。

❻缠绕4~6圈后，拉紧另一端的线，将线从管付的圈中抽出，使缠绕的线圈在钩柄上绑紧。

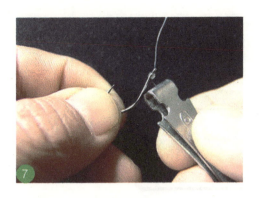

⑦ 然后用子线剪剪断鱼线。

⑧ 如图所示，就是最后绑完的效果。

鱼钩的保养和磨钩

鱼钩的日常保养

在垂钓前，要先对所有可能使用的鱼钩进行检查，看鱼钩是否锋利，倒刺是否合理，绑钩线是否绑紧，绑法是否正确等，必须认真检查后方可使用。

鱼钩的钩尖是最重要的部分，在日常垂钓时，需要时刻注意不要让钩尖接触硬物，尽量少挂一些水草等物，以免钩尖被磨钝。

在垂钓后，也要检查钩尖是否锋利，如果已经钝化，应及时磨钩或换钩再进行垂钓。

快速磨鱼钩的方法

首先，我们要判断出鱼钩是利是钝。先手持钩柄，将钩尖刺入薄塑料片中，如果刺进去很顺利，毫无声响，则说明该鱼钩是锋利的，不需要磨钩。相反，如果听到"啪"的一声，则说明该鱼钩是钝钩，需要及时磨钩了。

对于钝钩，我们要借助一些介质来磨钩。先将钝钩夹紧在小型台钳上，保持钩尖和钩柄在同一高度上，用细油石由左至右地沿钩尖向钩柄方向推磨。在推磨时，可以用放大镜进行观察，观察钩尖的断面是否磨成两个平面和一个弧面组成的一个近似三角形。最后再用白钢条压磨几下即可。

4.6 取钩器

在钓鱼的时候，经常遇到鱼钩卡得很深，怎么也取不下鱼钩的情况，此时通过使用取钩器，就可以解决这个问题。

取钩器的种类

挂底取钩器

野钓时，由于水底地形复杂，常会遇到挂底现象。每遇挂底无法下水摘钩，只能硬拉硬挑，常导致断线扔漂伤竿，令钓友十分头疼。挂底脱钩器双面自带吸铁，在复杂水下能快速吸取鱼钩。

钛合金环形取钩器

钛合金环形取钩器采用航空材料制成，质地坚硬，方便携带。顶部的圈形设计可以使取钩时间大幅缩短。使用时只要把子线放入圈形中便可将钩直接取出。

螺丝刀式取钩器

螺丝刀式取钩器是钓鱼时必不可少的小配件，当鱼儿把鱼钩吞进嗓子口或更深的地方时就会用到它。轻轻地往鱼儿的嘴里捅一下就能轻易地将鱼钩取出来。

不锈钢双针脱钩器

不锈钢双针脱钩器使用本色铝材制成卡头，用不锈钢材质做出两根脱针。质地结实，使用十分便捷。

取钩器的用法

取钩器用法一

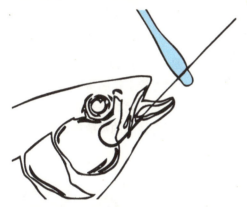

首先拉直子线，套进入线口沿线推入。

然后保持子线的张力，在碰触到鱼钩后轻推鱼钩，使鱼钩落入凹槽内，同时往内推动一下即可抽出鱼钩。

取钩器用法二

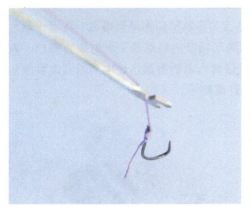

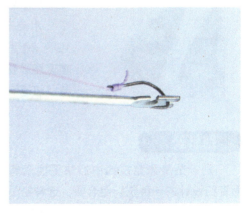

将鱼线放在取钩器的凹槽中，顺着鱼线向下推动。

顶住鱼钩，将鱼钩脱出。

4.7 铅坠

又称沉子、坠子、铅砣等。在悬坠钓法中,铅坠是调节钓组灵敏度、提高上鱼率的重要工具。

铅坠的种类

活动铅坠

活动铅坠又叫空心坠,是一种椭圆形铅坠,重量为10 ~ 30克。当需要远投定位,同时要求较高灵敏度的时候,活动铅坠便可以很好地解决这个问题。尤其是垂钓者使用抛竿抛钓鲢鳙的时候,活动铅坠不仅拥有较高的灵敏度,而且又有利于远投和定位。

龟背形铅坠

龟背形铅坠属最为常见的一种铅坠。铅坠长约3厘米,宽约2厘米,厚度为1厘米左右,重量为20 ~ 80克,形状呈椭圆形,酷似龟背,所以被称为龟背形铅坠。

水滴形铅坠

水滴形铅坠因为形状酷似水滴而得名。重量一般为10 ~ 20克。水滴形铅坠的特点是下沉时阻力较小、入水速度较快,比较适合垂钓自然水域中的凶猛肉食性鱼类,如翘嘴红、红尾鲴等。

别针坠

别针坠是为竞技钓中加快更换双钩脑线而专门设计的一种别针组合坠,这种铅坠的特点是下端金属丝直接弯成一个不全封口的小环。换子线时,只要脱装一个"O"形的小橡胶环,很快就会完成,十分迅速。

多面体形铅坠

多面体形铅坠常见的是六面或者八面铅坠。它的特点是可以有效地减少水流的冲击，比较适合在流速较大的水体中进行垂钓，因此它成为江钓、海钓中必备的装备。

扁圆形铅坠

扁圆形铅坠的重量较小，一般为 10 ~ 20 克，入水时阻力较大，故下沉时速度较慢。扁圆形铅坠的重量较轻，因而不易陷入淤泥里，适合在水底有碎石杂物的地方使用，也适应抛竿挂拟饵。扁圆形铅坠最大的优势是可以避免挂底现象出现，它收线时铅坠离底在水中漂行。

子母坠

主要用在一些特殊的垂钓场所，如草洞中。铅坠的上部分与可调通心坠相同，但在子线上离钩数厘米处加上一个不可调的固定坠。我们把不可调的这个坠子称为子坠，可调的称为母坠。

附加铅坠

抛竿浮钓时，小漂搭配小铅坠，可以使鱼讯反应灵敏。如果浮钓没有效果，便可将浮钓改为底钓。要是不想更换钓组，可以选择附加铅坠，也就是在原有的铅坠旁再加上一个铅坠，随后取下浮标。这种更换钓组的方法比较简单，且容易办到。

舍弃铅坠

　　舍弃铅坠适合垂钓者在碎石较多、有障碍的自然水域垂钓，因挂底而需要确保钓组和钓竿不受到损伤而舍掉的铅坠，因此被命名为舍弃铅坠。通常情况下，自然水域的情况复杂，时常有因建筑大堤防止水库坍塌而投抛的大石块，这样复杂的水域往往是大鱼喜欢栖息的地带。因此在这样的条件下垂钓，舍弃铅坠是比较好的选择。

夹心坠（咬铅）

　　在水中，夹心坠起到平衡线组的承载力和调整线组的水下状态的作用，垂钓者装上夹心坠并贴近咬钩，在垂钓时无形中等于增加了钩子重量，降低了钓饵的活性，也不利于轻口鱼吸饵入口。而加了小咬铅的钓饵下沉速度会明显加快，下沉速度会导致垂钓结果有明显的变化。

抛竿活坠

　　在抛竿垂钓时可以选择使用通心活坠。首先，把主线从空心铅坠的孔中穿过，再在主线的末端系上连接器，这样连接的抛竿活坠在钓线上可以任意地活动，反应灵敏。有鱼咬钩时，钓线在抛竿活坠中自由滑动，把咬钩的信号迅速传递给钓竿。这种抛竿活坠主要用于串钩，比较适合垂钓鲫鱼、鳊鱼等个体较小的鱼类。

抛竿死坠

　　在主线的末端系上连接器、饵料和铅坠，同时和连接器相接。大多被用于炸弹钩钓组，比较适合垂钓一些体型较大的鱼类。它的优点在于饵小钓钩集中，并且铅坠较重，利于远投。除此之外，较重的铅坠也加大了钓钩的穿刺能力，从而大大提高了上钩概率。

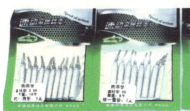

圆柱形铅坠

圆柱形铅坠多是垂钓者自制的简易铅坠，一般为 5 ~ 6 厘米长，重量在 30 克左右，适合于水下碎石或者障碍物较多的自然水域。若垂钓时铅坠遇到水下障碍物，垂钓者稍加力度，铅坠的长端受力翻转，从而越过障碍物。圆柱形铅坠具有翻越障碍的特殊功能，许多垂钓者将它称为会翻动的铅坠。

以饵为坠

选择飞钩垂钓时可以利用饵料的自身重量来替代铅坠的重量，搭配小浮标更能灵敏地反映出鱼讯。钓钩上有鱼饵时，浮标立在水面上，倘若鱼饵消失，浮标会翻倒。

串珠坠

这种串珠坠适合于溪流钓和流水钓。以几粒定量的小圆坠分段固定于钓线的下端，数量因浮漂的大小、水流速度而定。串珠坠可以控制流水中线组的摆幅和移位速度，在流水中同样有很高的敏感度。

铅坠的作用

稳定钩、饵于钓点

在海钓时，可以利用铅坠的重力，将钩、饵抛向远方，再与浮漂配合使用，使钩、饵悬垂于目标水层或迅速沉入水底。

方便了解水库

在垂钓时，利用铅坠的重量与浮漂的配合，可以探测到水的深浅以及水底的情况。

能够放大鱼汛

铅坠能够把鱼吃食的轻微动作加以放大，然后再通过浮漂的语言快速反映出来。

铅坠短粗

在抛竿时，饵料下沉速度较快，讯号明显，幅度大，浮漂的小动作较少。提竿时容易惊扰鱼群，所以适合于休闲钓、深水钓和野钓。

铅坠细长

钩和饵的下沉速度平稳，讯号缓慢、清晰，浮漂的小动作多，提竿时轻巧些，目标鱼也会容易接连咬食，所以适合于竞技钓和浮钓。

太空豆是钓组配件中的一个重要组件，是用来固定漂座和铅皮座位置的橡皮豆，也可用来加固主线和竿梢软辫的连接。

太空豆的定义

太空豆是中间带孔、弹性强力的橡胶豆，使用时用包装中自带的细钢丝做工具，将大线拉进去。它具有弹性和摩擦性，既可以限制标座和铅皮座的位移，又可以改变标座和铅皮座的位置。因为钓线型号粗细不同，太空豆也分为不同型号。另外，为了避免分散鱼的注意力，最好选用黑色的太空豆，不要彩色的太空豆。

太空豆的选择

教你如何挑选好的太空豆

挑选弹性 挑选弹性好的，并且不容易裂开的太空豆。精研系列太空豆的性价比相对较高。

挑选材质 太空豆一定要选用熟胶制成的，切忌选用生胶。生胶与主线硬对硬，极容易伤线。

挑选体积 一般情况下，太空豆越小越好，但太小不能轻易穿过标座线孔。太空豆越大，水阻力就越大。

挑选形状 要注意选择柱状形的太空豆，不要选择圆蝌蚪形的。圆蝌蚪形的太空豆因为和钓线摩擦接触的表面积较小，容易打滑。

太空豆的用法

1.夹活 即在不改换钓组的条件下，仅把铅坠上移一段距离的钓法。铅皮座下方的太空豆一定要夹紧一些。如果提铅钓，在提竿后，铅皮座会向下撞击底下的太空豆，从而导致太空豆向下移动。

2.调整 两粒夹着标座的太空豆要稍微有点空隙，以 1 ~ 2 毫米为宜，不宜过大也不宜太紧，太紧会造成没有空间，不利于标座自然伸直向上，影响标的自然垂直度。

饵料　4.9

饵料是鱼类及其他水生动物的饲料，属于水产养殖业的关键要素，同时也是垂钓者诱惑、吸引鱼儿的媒介。

饵料的定义

按照饵料的性质分，主要有植物性钓饵和动物性钓饵两大类。

植物性饵料　　又称素饵，是使用最多、来源最丰富的鱼饵，主要适用于垂钓鲤鱼、鲫鱼、鳊鱼、草鱼等素食性和杂食性鱼类。在春末、夏季和初秋进行垂钓，用素饵效果最好。

动物性饵料　　这种饵料富含丰富的蛋白质，主要用于垂钓肉食性和杂食性的鱼类，动物性钓饵主要有昆虫类、小动物类、小鱼虾类等。

饵料的种类

天然饵料

天然饵料是指在自然环境下生长的所有生物饵料。例如细菌、浮游生物、周丛生物、水生维管束植物、底栖生物和禾本科植物等。另外，有机碎屑也被称为天然饵料。浮游生物、有机碎屑和细菌絮凝体等是养殖鱼类鱼苗阶段和鲢鳙等滤食性鱼类的常见饵料。贝类等底栖生物是青、鲤等鱼类的饵料。天然饵料是饵料的重要组成部分，它的来源较广、数量充足，并且可以满足鱼类的营养需要。

人工饵料

人工饵料是指那些人工种植、培育的动植物或农业、畜牧业以及制药、食品等工业的产品和副产品，经加工而成的饵料。人工饵料的种类繁多，大致以玉米、大麦、高粱等作为原材料，这些饵料属于能量型饵料，淀粉的含量比较高。

配合饵料

这种饵料比较方便，可以直接在钓鱼店里购买，是根据鱼类营养的需求，选用若干种原料和添加剂，经混合和机械加工而成的人工饵料。饵料配方主要依据鱼类对脂肪、蛋白质、矿物质、碳水化合物和维生素等营养物质的需求进行配比。这类饵料适合初期垂钓者。

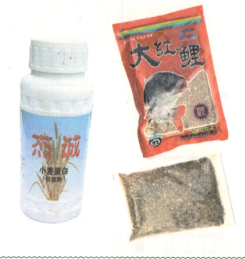

常用的饵料有哪些

素饵

植物根块

鲜嫩的茎叶和嫩芽

粮食颗粒

果实

粕饼

颗粒类饵料

面食混合钓饵

炸弹饵

荤饵

蚯蚓　　活虾　　青虫　　面包虫

小青蛙　　蚂蚱　　蝇蛆

红虫　　蟋蟀　　蝼蛄

泥鳅　　螺蛳肉　　海蚕

贝类肉　　鸡、鸭内脏　　肝类

饵料的选择和使用

1. 选料精	注重原料的气味和颜色
2. 对鱼路	在选择诱饵和钓饵时，要注意目标鱼的喜好
3. 精制作	几种原料的配比及制作方法
4. 诱钓比	诱饵味道绝不能超过钓饵
5. 投料准	窝点确认后，投饵要投向窝点
6. 窝集中	打窝范围应为 50~80 厘米
7. 量适度	鱼不动钩，可能是由诱饵质量不好或量太少引起的
8. 及时补	垂钓时，要进行多次补窝
9. 无声响	鱼听觉灵敏，应用投饵器投饵
10. 巧应变	用诱饵时，应随水情、鱼情而变化

饵料的制作方法

常用饵料的制作方法

下面为大家介绍一种最方便、最常用的饵料配比方法。

❶ 用容器打一盆湖水（在湖边打水时要注意安全）。

❷ 然后在另一个干净的容器中倒入混合饵料粉。

❸接着倒入 10% 的小麦蛋白粉（拉丝粉）。

❹再用右手沿顺时针方向将饵料拌匀。

❺ 加入适量的湖水搅拌。

❻搅拌后补加适量湖水（水和饵料的比例大概是 1:0.8）。

❼继续沿着顺时针方向将饵料搅拌均匀。

❽将拌好的饵料团成团。

常用鲜活荤饵的制作方法

以红虫为例，为大家介绍把鲜活的饵料制成荤饵的方法。

❶取出适量红虫，放在干净的容器里备用。

❷根据红虫量的多少，倒入适量的红虫胶。

❸加入少量清水，将红虫胶和红虫搅拌在一起。

❹这样，最常用的鲜活荤饵，就制作完成了。

针对个别鱼的喜好选择诱饵

每种鱼都有自己的喜好，没有任何一款钓饵适合所有的鱼类。例如，鲤鱼、鲫鱼等鱼属杂食性鱼类，荤饵或素饵都能用；草鱼属素食性鱼类，适合用草饵，偶尔用蚯蚓也可钓到草鱼；鲶鱼、鳜鱼属肉食性鱼类，只有用荤饵才能钓到。

拟饵

拟饵的定义

拟饵又称路亚，是人工模拟海、陆、空中一些经常被鱼类捕食的昆虫、小鱼、小虾制作而成的假饵。

拟饵的种类

毛饵钩

毛饵钩是假饵的一种，指在钩柄的下端用羽毛、塑胶、鱼皮缠线而成的饵钩，外形似昆虫、水藻，能用来引鱼上钩。

软饵

软饵指的是软性的拟饵，这种拟饵在水中游动的幅度更贴合真实小鱼游动的幅度。软饵上是没有鱼钩的，需要钓者自己将鱼钩嵌入其中。

硬饵

硬饵是其他几种拟饵中最吸引鱼类的一种拟饵，尤其是在毫无障碍的广阔海域，用硬饵来探测鱼情，是大多数钓者最理想的选择。

拟饵的使用技巧

用饵技巧

　　拟饵主要用于钓取具有肉食性并有掠食行为的鱼类，如鳜鱼、大口黑鲈等。在使用拟饵时，需要根据所钓目标鱼选择符合它食性的拟饵，对拟饵的大小、形状、颜色都需要选择。如钓取鳡鱼、鲸鱼等鱼时选择小鱼、小虾类的拟饵，钓取红梢、翘嘴红鲌等鱼时就要选择鱼虾形的拟饵或昆虫类的拟饵。

抛饵技巧

　　在自然水域的肉食性鱼类都具备很强的捕食能力，所以在将拟饵抛入钓点后，钓者应及时控制鱼轮缓慢地收线，营造出拟饵变"活饵"的现象，模仿得越逼真，捕食的效果越好。

拟饵的使用范围

常用饵的使用范围

适合水深 0~1 米　　　　适合水深 0~7 米　　　　适合水深 0~1 米

适合水深 0~3 米　　　　适合水深 0~5 米　　　　适合水深 1~3 米

适合水深 7~13 米　　　　适合水深 0~2 米

适合水深 0~4 米

适合水深 0~5 米

适合水深 0~2 米

适合水深 0~5 米

适合水深 0 米

适合水深 1~4 米

适合水深 0~5 米

适合水深 0~5 米

上饵的方法

素饵上饵的方法

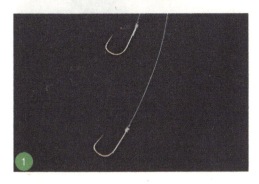

❶首先，先准备出双钩。

❷然后，把捏好的素饵放在干净的盆中备用。

❸接着，揪下一块拌好的饵料，固定在钓钩上。

❹最后，将双钩向上提起，确定饵料将鱼钩牢牢包裹住。上饵完成。

荤饵上饵的方法

荤饵与素饵不同，素饵可以事先拌好，但荤饵最好现拌现用。

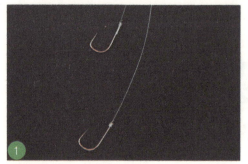

❶与素饵上饵的方法相同，先准备出双钩。

❷还是以红虫为例，搅拌好鲜活荤饵备用。

❸接着，将鱼钩埋在红虫饵里。

❹最后，将双钩向上提起确定红虫饵料挂在鱼钩上。上饵完成。

海钓上饵的方法

海钓的上饵方法与其他上饵方法又有所不同，下面我们来为大家介绍一下。

❶首先，先取适量饲料捏成球状。

❷然后，用带有弯钩的锥子从球体中心插入到底。

❸接着，如图所示，用钩子勾住子线一端的绳扣。

❹再向上勾拉子线，手部紧握饲料，以免饲料松散。

❺再将子线的一端拉出一段距离。

❻如图所示，用双手捏实饵料。

❼将钓钩从上向下插入饵料的四周。

❽最后，用手捏紧饵料，使饵料和钓钩紧密结合。上饵完成。

诱饵和饵料的保存

日常我们在用饵料的时候，一般一次无法用完，然而在开了口之后，如何保存又是个问题。如果只是用卡子夹好，又很容易出现一不小心饵料散落一地的现象，不好收拾。一但遇到雨天，还容易变质。下面我们来简单介绍几种保存饵料的方法。

塑料瓶保存法

准备干净的塑料瓶，打开瓶盖，将瓶中的水分晾干，然后把剩下的饵料都装在塑料瓶中，盖好盖子，最后在塑料瓶的外沿贴上长2厘米左右的胶布，并写上饵料的名字，方便饵料的识别。也可以最后在瓶口的位置覆盖上一层塑料纸后，再拧紧瓶盖。这种保存法方便倒出饵料，并控制饵料的使用量。

冰箱冷冻保存法

如果饵料在短期间内就能用到，直接存放在冰箱冷藏室内即可，若短期内用不到就存放在冷冻室。昆虫类的饵料需要存放于冷冻室，红虫存放期不得超过两周；柳虫、栗虫、鲑卵不得超过一个月；黄虫、艾篙虫、葡萄虫不得超过一年的保存时间。对于容易有异味的饵料，可以按如图所示的方法剪个塑料瓶瓶口将其保存。

红虫保存盒的制作方法如下。

1. 先准备一盆干净的凉水、保存红虫的盒子和两块与盒子大小厚度相同的1~2厘米的海绵，备用。

2. 然后把其中一块海绵泡在凉水中吸足水分后，再放在保存红虫盒子的底部。

3. 把需要保存的红虫放在吸足水分的海绵上。

4. 把另一块海绵也浸透水后，放在红虫上面，盖住红虫。

5. 这样，红虫保存盒就制作完成了。只要每天保持海绵的湿润即可，白天可以打开盖子，晚上需盖上盖子。温度要保持在1~5℃。

蚯蚓保存法

保存蚯蚓需要准备个小木箱，把蚯蚓放进小木箱里，然后依次放入泥土、切成小碎段的草绳、蔬菜屑等蚯蚓吃的食物。再在食物的上面放上几层破布遮盖，保存小木箱的湿度。平时，需要用淘米水淋湿破布，在保持潮湿的同时，还有助于繁殖出更多的蚯蚓来。

蝼蛄虫保存法

保存蝼蛄虫需要准备个竹篓，在装蝼蛄虫的竹篓里，放些潮湿的水藻或几层布块，然后把蝼蛄虫放在中间，可保存一天。时间长了蝼蛄虫也会死亡。

塑料桶保存法

密封袋保存法

投放诱饵时的注意事项

味道要有对比

诱饵的味道对比一般可分为两方面，一方面是从味型上进行对比，另一方面是从浓度上进行对比。

从味型上，又分为最需要和最常见两种诱饵。最需要就是指诱饵的营养成分和鱼发育阶段的营养需求相同。最常见就是指和鱼平时吃的饵料口味相近或相同。

从浓度上区分，鱼的口味也有轻有重。容易散开的饵料和具有一定黏度的钓饵相比，钓饵的味道要浓于诱饵。

雾化要适度

在颗粒饵料和谷物饵料中，掺入奶粉和豆粉做诱饵或钓饵，是很常见的饵料的配方。奶粉和豆粉可以改善饵料的口味和雾化效果，是不错的理想辅料选择。

雾化饵的使用也要适度，不少初级钓友会遇到信号紊乱、漂动得勤却很少中鱼的情况，像是小杂鱼在闹窝似的，这种情况实际上是饵料雾化过度引起的。

大小要有主次

饵料使用的大小，是很多使用抛竿垂钓的钓者最常见的问题，在手竿垂钓中却经常会被钓者们忽视。事实上，饵料的大小直接影响鱼摄食的多少。

在诱饵、钓饵差异很小的情况下，如果诱饵比钓饵颗粒大，就会影响到钓饵作用的发挥。例如，如果用嫩玉米钓草鱼，那么最好用捣碎的玉米粒做窝，用完整或饱满的玉米粒做钓饵。捣碎的嫩玉米汁有利于发挥诱鱼的效果，而用作钓饵的大玉米粒具有目标大、诱惑力强的特性，很容易成为草鱼的首选。

4.10 辅助工具

在垂钓过程中，我们除了要了解必备装备的种类与使用技巧外，还要了解一些基本的辅助装备。

钓鱼辅助装备

支竿架

支竿架主要用于支撑手竿和海竿，是钓鱼的重要辅助工具。支竿架的作用是把钓竿支起来，架在垂钓水域的岸边。支竿架可以减轻垂钓者的体力消耗，一般情况下垂钓者长时间手握钓竿容易疲劳，特别是在鱼儿稀少的水域中，鱼儿的咬钩概率较小，握竿时间会更长。使用支竿架还可同时照看多根钓竿，这种方法可以有效地提高垂钓效率。如果是海竿钓，就必须使用支竿架。

鱼护

鱼护的种类较多，市场上常见的鱼护大多是用多股尼龙线编织而成的，也有用塑料打包带编织的鱼护，或是折叠式鱼护。在钓上鱼后，将钓到的鱼储存在鱼护中，再放到水里。这样一来鱼的成活率比较高，特别适用于炎热且气压较低的夏天。

水桶

如果钓的目标鱼不是很大，也可以准备一个装满该水域水的水桶，有条件的话，再加上一个氧气泵打气，这样即使把鱼带回家后，鱼还是鲜活的。

气泵

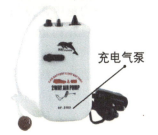

充电气泵

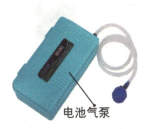

电池气泵

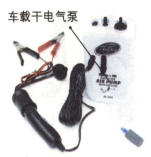

车载干电气泵

有了气泵，就方便给水桶里的鱼制造充足的氧气，避免造成目标鱼的死亡。在市面上常见的气泵都是干电气泵。这种气泵操作简单易懂，适合各个年龄段的钓者。

钓鱼剪刀

钓鱼剪刀一般为不锈钢材质，并带有锯齿，主要防止因鱼线打滑而剪不断。在垂钓的过程中，钓鱼剪刀适用于剪鱼线、修铅皮及垂钓中的各种修剪工作。

抄网

在钓到体型较大的鱼类之后，需要用抄网捞鱼上岸。抄网采用多股尼龙线编织而成，型号分为大、中、小三种。市面上常见的抄网有圆形、三角形、梯形三种形状。圆形的抄网进入水中之后，不受角度的限制，使用起来方便灵活。三角形和梯形抄网的网圈可以折叠得很小，便于携带。

渔具包

渔具包最早起源于日本，用于临时储存钓鱼所用工具，便于携带。现在市面上常见的渔具包有单肩背和双肩背之分。另外，多数渔具包都带有支架和饵料盒子等设施。

折叠椅

折叠椅是钓鱼中常见的辅助工具，在户外钓鱼，久站是一件辛苦的事情，钓鱼折叠椅可以帮助我们解决这个问题。另外，现在的钓鱼折叠椅增添了许多人性化的设计，十分实用。

撒饵器

用撒饵器撒饵，可以做到将诱饵准确无误地撒往钓点，尤其适合草丛中、水深处和远钓点垂钓。撒饵器可以使诱饵集中在一处，从而增加诱鱼的效果。而且撒饵器带饵入水时，对水面的冲击力较小，所以不会惊吓到周边的鱼群。

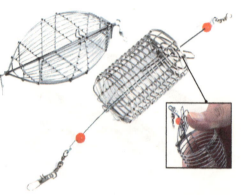

钓鱼灯

钓鱼灯是晚上夜钓时为了看清鱼漂的动静所使用的装备，通过钓鱼灯的照射，可以清晰地看见水面上的鱼漂，这样就方便钓者准确及时地判断出鱼情，同时也能通过照射确定水中窝点，方便垂钓。

磨石

磨石是特别针对变钝的钩尖所使用的工具。如果在垂钓时出现饵被鱼吃了但钩被吐出，竿和线没有任何动静，那么就说明钩已钝，需要磨利。通常钩的每一边磨 5~10 下，钩与磨石之间的角度呈 15°即可。

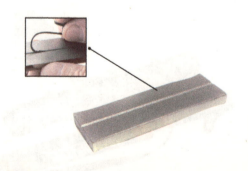

钓箱

　　属于多功能装备，适用于各种情况和各年龄段的钓者。市面上钓箱的坐垫下，会设计一个专放饵料的盒子，而且也有多格小储物盒，可放线组、小配件、钩、剪刀等装备。钓箱都是带靠背的，坐着也很舒服，可以省去准备折叠椅的费用，是野外垂钓时不错的选择。

拌饵盆

　　用来储存刚制作好的饵料，一般钓箱上有专门放拌饵盆的位置，可以搭配使用，方便钓鱼拿取饵料。拌饵盆的底部与手形完全一致，手握起来很舒适，使用后清洗起来也很方便，几个盆可以组合存放，节省空间，方便携带。

失手绳

　　失手绳指的是连接鱼竿与地面固定地点的物品。市面上有两种，一种是呈螺旋状的单股尼龙绳，另一种是由单股或多股皮筋制成的失手绳。它们共同的用处是防止目标鱼把鱼竿拉入水中，同时失手绳也是遛鱼的有效装备。

个人辅助装备

钓鱼帽

　　钓鱼帽的制作材质一般采用柔软舒适的速干面料，帽围可拆卸，帽顶两侧设有透气排汗网眼，具有速干、透气、遮阳、防护等作用，可有效预防钓者被紫外线晒伤或被蚊虫咬伤。

钓鱼手套

钓鱼手套能够在水中轻松地抓获鱼类，是十分便利的辅助工具。同时，也能起到防滑、防电、防寒、防晒、防划割的作用。手套的材质最好选皮革的，因为皮革较厚，也更安全。

救生衣

如果是船钓，无论是水库还是江河，即使会游泳，我们也应该穿上救生衣，因为一旦发生险情，即使精通水性，也很难确保安全，所以在垂钓前准备一件适合自己身形的救生衣也是至关重要的。

钓鱼眼镜

在垂钓时，水面上所反射的光线很容易刺伤垂钓者的眼睛，所以在垂钓前一定要选择一款适合自己的眼镜。在市面上有很多种颜色的镜片，其中黑色、茶色、灰色、绿色镜片适合在日照强烈的情况下佩戴，浅蓝色、浅灰色则适合平时佩戴。

钓鱼鞋

在垂钓的时候，一般都在有水有泥的地方，难免会有些泥泞不堪，所以我们在选择钓鱼所穿的鞋时，也是有讲究的。最好选择具有防水效果和排汗功能的鞋子。

防晒霜

防晒霜是钓鱼时的必备用品。由于钓点的不确定性，垂钓者经常处在无遮挡的空旷地域，紫外线对于皮肤的伤害很大。涂抹防晒霜可以减少紫外线对于皮肤的伤害。

食物

在钓鱼的过程中，时间长短很难掌控，而且会感觉时间过得很快，所以要提前准备好适量的食物，可以随时补充身体所需的能量，避免因身体能量流失而导致的各种不适。把食物放在保鲜袋里保存是不错的选择。

防暑药品

夏季是中暑的高发期，温度高，湿度大。当我们垂钓时，又长期处于室外，中暑的概率更加大，所以在出发前就需要准备好必备的药品，如十滴水和风油精之类的防暑药品，关键时刻尤为好用。

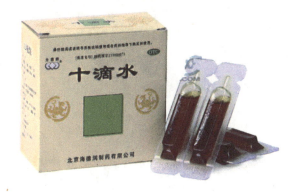

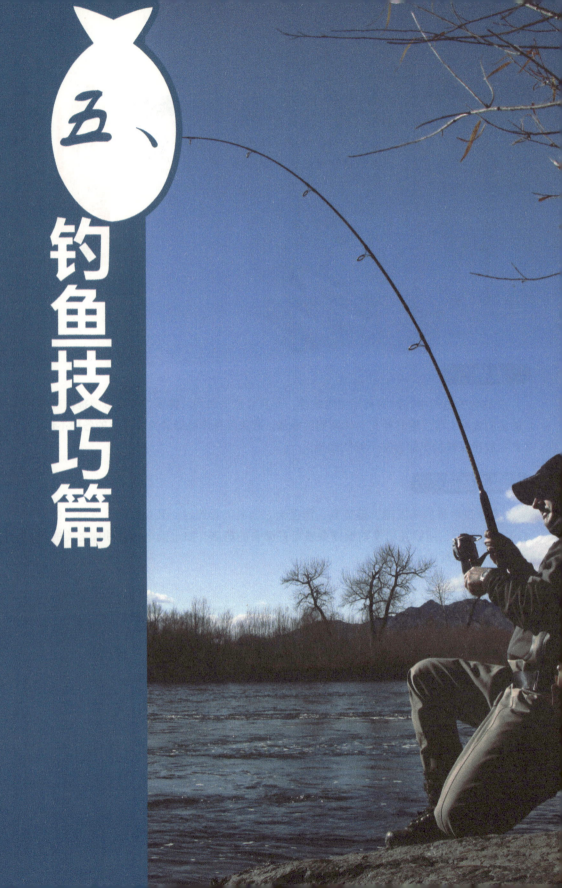

五、

钓鱼技巧篇

钓前的准备工作 5.1

钓前装备的准备

必备装备 鱼竿、鱼线、鱼钩、浮漂、铅坠、太空豆、取钩器、饵料、鱼轮（可选）、鱼护、支竿架、抄网、渔具包、渔具盒、钓箱、钓鱼帽、钓鱼眼镜。

可选装备 水桶、气泵、钓鱼剪刀、撒饵器、折叠椅、钓鱼灯、磨石、拌饵盆、失手绳、钓鱼手套、救生衣、钓鱼鞋、防暑药品、食物、防晒霜。

钓前的准备工作

❶首先站在岸边观察一下水情。❷找一些砖头，使垂钓地更平整一些。 ❸抬起鱼箱向岸边移去，并放在砖头上固定住。 ❹调整位置，以便垂钓者可以稳妥地坐在箱子上。❺打开鱼箱，查看钓鱼所用的装备是否齐全。❻根据所处的环境选取适当的鱼线。❼将钓线与鱼钩连接，要注意的是，打结、扣结的地方是关键所在。❽在钓鱼箱的侧面将竿架固定下来。❾将支撑器固定在竿架上。❿保证支架的平衡，好让鱼竿更平稳地支在水面上。

5.2 选择钓点

所谓钓点，是指钓者们准备投钩施饵垂钓的地点。能否选择到好的钓点，直接影响到捕获量的大小，只有先熟悉水情才能选好钓点。

钓点的特点

1. 必须是鱼群的栖息区

各种鱼类在不同季节有不同的栖息地，例如，鲤鱼生性胆小，喜欢栖息在障碍物多或草丛水底有沟壑的水域；鲶鱼则喜欢像乱石堆或洞穴的位置；在闷热高温的时节，大多数鱼类则会选择在阴凉处或深水处栖息，所以我们在选择钓点的时候也要遵循这个规律。

2. 必须是鱼群的觅食区

觅食、嘬食是鱼的天性，为了觅食它们也会游到浮游物多的地方嘬食，像活水流进处、洗菜、淘米等生活污水处都是鱼儿充足的地方，容易招引一些鱼类来觅食。

3. 必须是鱼群的洄游口

有很多钓友称洄游口为"鱼道"，鱼道和水域中的地形有很大关系，像水域的狭窄处、堤岸的突起处都是鱼群必经之地。将这些地方选为钓点能提高捕获量。

钓点的选择

根据季节选择钓点

春钓 春季可以选择在池塘、湖泊或小河江进行垂钓。钓点离岸的远近也应根据时段做出相应的改变。初春的时候气温较低，适合把鱼钩于离岸较近的水域。春末时节及此后一段时间内，气温较高，此时就应当将鱼钩甩放到离岸较远的水域中，因为此时鱼儿喜欢在较深的水层中活动。

夏钓 夏天的天气炎热，尤其是大晴天，阳光直射水面，从上午9时起水面就开始升温。鱼儿也和人一样是比较怕热的，天热的时候它们都躲在大岩石、沿岸洞穴或树阴下乘凉觅食。所以钓点适合选在池塘、湖泊、江河沿岸等水面上方，且有树叶遮阳的凉爽水域。

秋钓 初秋时水温较高，大多数鱼会隐藏在深水中栖息，只能在2~3米深处下钩。早晨和傍晚，则宜在近岸的浅水处设立钓点。

中秋过后，气温变得不冷不热，鱼儿觅食活动开始变得活跃。这样便可以全日在浅水处垂钓，特别是在阳光明媚时，浅水处的水温有所升高，此时可在1米左右的水层中放钩。

冬钓　由于水面被冰封住，只能在冰面上多凿几处冰孔来探测鱼情。先凿开 30~35 厘米的孔眼，每隔 60~90 厘米凿一个，凿 4~5 个，形成扇形或梯形排列作为一组。可凿几组以便观察判断，再从中选出符合要求的一组作为钓点。选定钓点后，即可在每个孔眼放一副钓竿，开始垂钓。

根据食物源选择钓点

在自然水域中，和周围环境有所差异的地方，是比较容易聚集食物的，所以这种地方就是首选的钓点。此外，一般在投放草料的地方，是钓不到鲫鱼的，因为此处多是鲤鱼、草鱼，而在草料较远的地方，常有鲫鱼上钩。

根据天气情况选择钓点

不同的天气，不仅影响鱼的摄食，还会改变其所栖息的地点。造成这种情况的原因是鱼会因天气的冷热而选择在深水处或浅水处活动。一般鱼类会在夜晚靠近岸边有水草的水域觅食，而在白天尤其是中午则会在深水处觅食。

根据水域地形选择钓点

在选择钓点前，必须要先看清所在水域的地形，才能事半功倍。钓点的选择还要依据所钓水域的自然环境和具体条件来综合考虑。我们通过几个例子来说明一下。

小河钓点　选择小河作为钓点，要选择深浅适宜的地方。上连湖泊，下连水库为宜。因为每到春天，都会有大量的鱼在此产卵，所以特别适合选作钓点。

河川钓点　河川中适合作钓点的一般有三处，一是主河道附近，二是支流处，三是小沟汊附近。通常下钩时要把钓饵递到窝子前方 20~30 厘米处为宜。

根据地质选择钓点

不仅池塘、湖泊、水库的地质会有不同，就连同一区域的地质也是不同的。有的区域是泥土的，有的区域是泥沙的，甚至还会有砂石区域。泥土地段，土质肥沃，水生物多，适合钓鲤鱼，而砂石区域就不适合当钓点。

根据"鱼星"选择钓点

1. 草鱼"鱼星"解读
草鱼的鱼星多为单泡，大小不一，个数较多，常常形成 3~5 厘米的泡沫片。

2. 鲫鱼"鱼星"解读
鲫鱼的鱼星多为细小而密集的小泡，范围较小，由 3~5 个单泡组成，一般呈米粒大小，且大小基本一致。

3. 鲤鱼"鱼星"解读
由于鲤鱼喜欢掘泥寻食，在拱水底的污泥时，会产生大量的水泡，鱼星多，较密集且连续成串地移动，出水后成泡团，这就说明有鲤鱼在水下。

根据鱼情选择钓点

当鱼进入繁殖期的时候，特别是在春末到仲夏期间的早晚，鱼儿会经常跳出水面。

当鱼遇到障碍物的时候，经常会翻出水面从而激起浪花，这种情况俗称翻花。如果发现有鱼弄水翻花的，那么这里就是鱼的栖息地。

根据水草选择钓点

水草让鱼更隐蔽　鱼喜欢栖息在水草茂盛的地方，有水草的遮挡，鱼才能更好地隐藏在水底不被发现。

水草让水里的溶氧量更充足　水草的光合作用可以释放大量的氧气，使鱼可以在水底更好地生活。

水草让鱼的饵料更丰富　水草周边的水一般都比较浅，而且还有大量的浮游生物在附近徘徊，如小鱼、小虾等，这种浮游生物正是各类鱼的最爱。而且很多水草本来就是各类鱼的饵料，丰富的水草可以吸引各类鱼前来觅食，所以水草周边也是上佳钓点。

水草是鱼最佳的繁殖场所　水草是鱼类天然的产床，大多数鱼类都喜欢在水草上产卵。每到繁殖的季节，鱼类就会在水草附近嬉戏、交配。

根据水情选择钓点

观察水纹

1. 水面过于平静，没有小鱼在活动，说明水下可能无鱼或鱼不吃食。
2. 水面泛起涟漪，有鱼不时打出水花、漩涡或嬉戏，说明水下鱼很多。
3. 在水面嬉戏的鱼突然受惊，四处逃窜，说明有大鱼正在活动觅食。
4. 有鱼群在水面嚼水，说明水里缺少氧气，此处的鱼不会进食。

观察水温

水的温差变化受空气湿度影响，水温的升高和降低都会比空气慢。在炎热的夏季，气温高达35~40℃，但水下的温度只有几度就是这个道理。

观察水色

水过于清澈，说明水下无鱼或鱼少。如果在河中垂钓，适合垂钓的水色以淡绿色、淡蓝色或淡青色为宜。池塘中则以淡白色、淡褐色、淡绿色或稍微有些浑浊的水为宜。

嗅水味

在垂钓前，在下风口的位置，嗅一下从水面吹来的风有没有鱼腥味。鱼腥味越浓，说明水下的鱼越多。

观察水鸟

白鹭、水鸭和鸬鹚等都是专食小鱼的鸟类。如果可以看到钓点附近有这些鸟时而在栖息，时而在空中盘旋，时而在水面戏水，说明此处的鱼群比较活跃，是上佳的钓鱼位置。

不适合成为钓点的水域

1. 水质过于清澈的水域	一眼见底的水域说明水质瘦，没有浮游生物的存在，自然来此觅食的鱼也不会多
2. 水质过于浑浊的水域	水质过于浑浊，说明水域的能见度低，鱼在此不易发现钓饵和诱饵，也不利于垂钓
3. 水浅、水色浑浊的水域	水浅或水色浑浊的水域很难有水草或浮游生物存活，所以一般鱼儿不会来此觅食
4. 无活水的水域	通常指的是一些水坑地段，水质瘦，很少有人放鱼，所以不适合垂钓
5. 三面环山的水域	由于这种地方阳光照射水面的时间不长，风又小，所以水的温度较低，不适合鱼类的生长
6. 水草生长过于茂盛的水域	水草过于茂盛，鱼在里面就会活动不便，难以咬饵，而且对于垂钓者来说，容易挂草和跑鱼
7. 树木过于密集之处	这种区域树叶容易垂入水中，对于伸竿、收竿和提鱼十分不便，还可能造成挂钩的现象
8. 堤岸陡峭处	堤岸陡峭处往往水都很深，这样的区域容易出现大鱼，但由于陡峭，很难抄鱼，比较容易出意外
9. 嘈杂的水域	垂钓不易选在景点的水域，由于人多车多，声音嘈杂，容易惊吓到鱼类，使鱼不敢咬钩
10. 高压线下的水域	垂钓时应远离高压线，避免扬竿时挂线。如果使用的是碳素竿，又沾了水，则很容易被电到

5.3 打窝子

这里说的打窝子，就是将诱饵撒入垂钓的水域，用诱饵发出的香味诱鱼聚集过来觅食。

需要注意的是，钓什么鱼就要用什么诱饵，而且还需要讲究方法，必须科学合理。

打窝子之前务必先探测水深，探明水底情况，确认地势平坦，无水草（或少水草）、厚苔之后，方可打窝投饵。

打窝子位置的选择

有水草的地方

如鲫鱼等一些在底层生活的鱼类，一般都喜欢在水底水草聚集的地方及周围活动。因此钓鱼的人都喜欢在水草聚集的地方打窝子，这样鱼儿更容易上钩。

靠近塘边和水沟边

人们经常会在靠近码头的地方洗菜和淘米，鱼儿常聚拢来此觅食。有的沟、塘里放养鹅、鸭，有鸭、鹅活动的水域水边，粪便较多，鱼儿会循味游来觅食。这些地方便成了打窝子的理想之地。

水流入口处和出口处

鱼儿喜欢戏水，还有逆水而游的习性，在水流入口处或出口处聚拢的鱼儿往往特别多。

随水温的变化而变化

季节变化，水温也会随之变化，打窝子也要根据季节不同而选择适合的位置。初春温度低时，窝子应打在朝阳的浅水处；夏天温度高时，窝子应打在阴凉浑水处或水草比较密集的地方。

根据风向和风力的大小选位置

有二三级小风对垂钓更有利。鱼儿喜欢聚集在风口处：有二三级风时，多在下风口打窝子；有四、五级风时，多在上风口或微波处打窝子。

微风的气候让平静的水面波光荡漾，增加了水的溶氧量，降低了水温，浮游生物多聚集在下风口，鱼儿也喜欢在此觅食。

但是风太大不利于钓鱼。微风不单是促氧剂，同时还会将水域表层的浮游生物、藻类植物、落水昆虫、残屑、花粉、杂草等天然饵料吹到迎风口岸，吸引鱼群追踪而去。

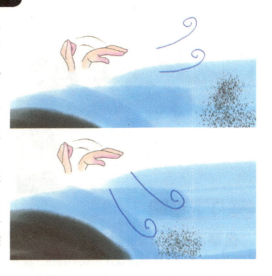

打窝子的方法

手投法

优缺点　手投法是几种投法中最省事的一种投法。但当饵料入水的时候容易惊扰到鱼类，而且浪费较大，这是它的缺点。如果饵料的黏度较大、海竿钓近水或需要打大窝的时候，用手投法则是最方便快捷的方法。

方法　手投法是将钩和漂儿甩到选定的水域，再将诱饵制成松散的团，对准所选择的水域，用手将诱饵投到浮漂前半尺左右的地方即可（在有水流的地方垂钓时，诱饵还要根据水流的速度和水的深度适当向上游移动一段距离，以使诱饵被顺流冲到浮漂四周）。采用这种方法需要钓者投掷准确，一旦投掷不准或者四处"开花"，则起不到作用。根据上述的方法连续几次后，停止投饵等待一段时间，若不见鱼上浮吃食，说明此处无鱼，应另寻钓点。

适合的诱饵　麦麸子、豆饼块、黄豆粉、玉米面及酒糟等适合作为手投法的诱饵。

❶把放在盆中的诱饵，揉搓成球状，找好钓点准备打窝。

❷利用手臂的惯性，把诱饵抛到指定钓点的附近。

❸将诱饵撒入水中后，观察水面是否有鱼儿上浮吃食，然后再决定是否还需要撒饵。

罐撒法

优缺点 罐撒法主要分竿梢式和悬吊式两种。竿梢式适合长竿短线的草塘，悬吊式则适合齐竿线的水域，尤其是选择用长竿短线"续漂儿"的方式垂钓。用罐撒窝后，其钓鱼效果甚佳。还有钓者会采用窝子罐打窝子，来增加撒饵的准确率。

方法 罐撒法是比较常用的方法。先将窝子罐的尾线套在铅坠以上的钓线上，再将尾线上的塑料管向上移动紧靠钓线（注意，塑料管必须与尾线配合紧密），然后向罐内装入诱饵。将鱼钩挂在窝子罐的梁上，向罐内加水，使诱饵全部被水渗透。然后用钓竿将罐提至垂钓水域，让罐缓缓入水下沉，直至水底。然后放松掉线使鱼钩脱离罐梁，再将钓竿慢慢提起，使罐翻转，将诱饵倒入水底。继续提竿，使罐底向上，诱饵全部倒在选中的水域。最后将罐提出水面，把尾线塑料管向下移动，使尾线脱离脑线。此后即可开始在钩上装挂钩饵垂钓。

适合的诱饵 小米、玉米渣和碎大米渣等适合作为罐撒法的诱饵。

诱饵、钓饵合一法

这种方法是指把诱饵、钓饵合成一种饵料，内里装钓饵，外层包裹糟食做诱饵。在入水几分钟后，糟食会散落水底，钓饵仍会留在鱼钩上。每隔几分钟上一次饵，这种上饵与撒窝差不多，就是缩短了发窝（发窝就是鱼进窝吃食，窝中开始冒泡）的时间。这种方法适合钓个头较大的鱼类。

直接送入发法

这种打窝方法需要在出发前先把窝料配置好，在现场准备垂钓前加水调和成大枣大小备用。将调好的面团捏在铅坠或鱼钩上，以不会轻易散开为标准。接着用鱼竿将诱饵送到窝点，并缓缓放入水底，然后轻轻敲打鱼竿使诱饵自行掉落在钓点的位置。连续几次后，即可开始正式垂钓。

打窝子应注意的事项

1. 注意钓点的选择

需要根据所处的季节、鱼情、气候、水情和风向等选定垂钓地点，然后在选择的钓点中打窝子。

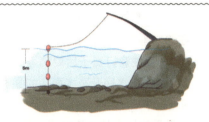

2. 注意对窝子的观察

人们钓鱼投诱饵之前，一定要对窝子口进行勘探，要弄清楚水域的深浅，还要知道水底是否平坦，有无杂草、乱石或其他障碍物。一般情况下用钓线测水的深浅，当水线试好以后，再将空钩抛入钓点附近约 1 平方米内各处去试，再根据漂浮的状况，确定水底是否平坦。根据鱼钩有没有挂草或其他东西，可以判断出水底有无杂草或障碍物。当确认所选垂钓地点的水底较平整且无杂草等障碍物时，便可以开始打窝子。

3. 注意诱饵的选择

根据所在鱼池中鱼的类型选择适合的诱饵。肉食性鱼类喜欢吃荤腥饵料，草鱼喜欢青草，鳙鱼爱酸臭味等。

4. 注意窝子数量的选择

在鱼儿聚集的地方可以打 1~2 个窝子；在水域广阔、鱼儿稀少的地方，可打 3~4 个窝子，然后对每个窝子依次进行垂钓，哪个窝子钓上的鱼多一些，就一直在那个窝子进行垂钓。

5. 注意饵料用量的选择

在水面大、水深的地方，饵料要撒得多一些。相反水面小、水浅的地方，饵料可撒得少一些。

6. 注意打窝子的位置

在打窝子的时候，可以在窝点的前后打好记号，这样便可以准确地下钩了。也可以选择在岸边用木棍做个记号，并寻找对岸与窝子正对的参照物（如小山、石头、草丛、树木、电线杆均可）。一定要让记号、钓点、参照物在一条直线上，窝点在三者的中间，再用鱼竿准确地量出钓点到岸边的距离，并记牢。

7. 注意看准发窝的时机

刚打窝子后一定不要急于下竿，等到发窝时再下竿。发窝是指鱼群已进入窝点开始吃饵，窝中有鱼星冒出。

8. 注意看准补窝的时机

钓鱼的时候要陆续添加诱饵，让来了的鱼儿不走，远处的鱼儿才会继续游来。

打窝子的实际应用

在选好垂钓地点，调试好水线高度，校准浮漂位置后，便可以开始打窝子了。实际操作时，要注意打窝子后要稍等 20 ~ 30 分钟，看打过窝子的水域是否有鱼星出现，是否有小泡沫由水底升至水面。如果有则说明窝子"发"了，鱼儿已游到窝子里聚食，此时即可甩竿垂钓。

如果垂钓地点的水面充足，最好打 2~3 个窝子（窝子之间的距离不宜太近，无水草的"亮水面"一般不应少于 8 米，有水草水域也需 4 ~ 5 米），以便吸引更多鱼群。当一个诱饵用尽，续窝待"发"时，可换窝继续垂钓，以便提高效率。

此外，打窝子还应注意水色。如水色较清，窝子应撒在较深的水域；若水色较混，则要撒在较浅的水域。

用窝子罐续撒窝子时，要在罐底到底躺倒之前脱钩提罐，以免把窝子周围巡游觅食的鱼儿惊跑。当罐到水深的一半时，将钓竿向上一提，再向下一抖，即可使鱼钩与罐梁脱离，从而使罐口向下，将诱饵撒入窝中。这一动作开始不易掌握，需要钓者在实际操作中，逐渐摸索掌握。

补窝子的注意事项

钓鱼的时候一定要及时观察鱼儿吃饵料的情况，再根据饵料流失情况来补撒窝子。补撒诱饵时采用少、轻、勤的手法。

补撒的诱饵应比第一次下窝的数量少。之前一些鱼儿在窝里吃了不少饵料，有的已经半饱了，继续撒太多的饵食，当鱼儿吃饱时必定不会再咬钩。如果窝子里本来就没有鱼来吃饵料说明此处无鱼，那么继续补窝子便是浪费饵料。

整个补窝过程动作要轻，人们在走路、讲话、饵料入水时产生的声音太大都会惊扰到鱼儿。在补窝的时候很有可能窝子里及周围已有鱼出没，如果补窝的动静太大，会惊走鱼儿。

能让鱼儿留在窝里不断上钩，还需要勤补。如在第一个窝内钓了几条鱼后转钓第二个窝的时候，再去第一个窝轻轻地追补些饵料，以便之后再钓。这样轮钓、勤补，可引诱鱼儿不断进窝。

如果其中的一个窝中鱼儿正频频上钩，一定不要画蛇添足去补窝，否则只会适得其反。钓鱼一定要学会把握补窝子的时机，一个是上鱼率明显下降时，一个是钓上大鱼后搅乱了窝点时，要及时补窝子。

挂钓饵的技法 5.4

面食的挂法

先确定面食钓饵的大小，再根据鱼钩的大小和面食的软硬进行挂饵。通常是大钩挂体积大的面食，小钩挂体积小的面食；面软挂体积大的面食，面硬则挂体积小一些的面食。在钓大鱼时，需要做到钓饵全部包住鱼钩，而钓小鱼时，可将面食挂在钩尖上。面食的形状最好是球状、团状、梨形、圆柱形这几种。需要特别注意的是，为了方便鱼类咬钩，所挂的面食不要露出钩尖。

瓜果类的挂法

生活中常见的蔬菜和水果，如草莓、香蕉、桑葚、菠萝、南瓜、甘薯、土豆等，都可以作为钓饵。其中，像草莓和桑葚这类体积较小的水果，可直接装钩；香蕉及香蕉皮可切成小块备用；南瓜、甘薯、土豆这类食物，需要烤或煮到半熟后，再切成小块，装钩使用。

饭粒、麦粒、豆粒的挂法

在给饭粒装钩时，需要钩尖慢慢刺入，不要让饭粒开裂，只使钩尖微露即可。

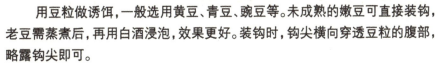

麦粒饵是指用富含浆汁的未成熟的青麦粒直接装钩，也可将青麦粒用白酒泡后再用，其味更清香。成熟的麦粒应先浸泡，然后煮熟再用。装钩时钩尖从麦粒中部横向穿透，只微露钩尖即可。

用豆粒做诱饵，一般选用黄豆、青豆、豌豆等。未成熟的嫩豆可直接装钩，老豆需蒸煮后，再用白酒浸泡，效果更好。装钩时，钩尖横向穿透豆粒的腹部，略露钩尖即可。

蚯蚓的挂法

用蚯蚓做诱饵时，最好用穿筒挂法挂整条的活蚯蚓，使其在水底蠕动，吸引鱼儿的视线。如果鱼钩较小，便可以将蚯蚓一分为二，从断处挂钩。最好不要将蚯蚓拍死再挂钩。另外，挂蚯蚓还要求"前不露钩尖，后不露肉"。若前露尖，鱼类则不肯进食；若后露肉，鱼类喜欢从此处啄食。

此外，还有以下几种蚯蚓挂法。

1. 缠绕挂：取一整条蚯蚓用钩尖横向从蚯蚓五分之二的位置穿过，将蚯蚓缠绕一圈后，再用钩尖横向穿过，直至把整条蚯蚓都缠上即可。

2. 节挂将蚯蚓切成约1厘米的小段，直接挂在钩尖即可。也可以一个钩子上挂2~4节蚯蚓，这种挂法适合钓浅水边的小鲫鱼等小型鱼类。

虾的挂法

　　用小虾做钓饵时，一定要从虾尾向虾头方向挂钩。挂钩前需把虾须去掉，防止小鱼啄食虾须。

　　而用大虾做钓饵的时候，需要先去掉虾壳，然后从虾的中间剪开，再继续剪成小块或小条，最后再挂到鱼钩上即可。这种块条挂法主要适用于手竿钓鲤鱼的时候使用。

小鱼的挂法

　　钓鳜鱼的时候多以小活鱼为饵。鳜鱼性猛，嘴大，主要以肉食为主，在水中多以小鱼、小虾等为食。挂小鱼当诱饵时要顺脊背向鱼头方向挂钩。

红虫的挂法

　　在北方冬季，通常需要破冰垂钓。和早春一样，钓鱼一般选用红虫做钓饵。而且红虫的色泽鲜艳、醒目，虽然冬季和早春气候寒冷，鱼儿活动能力较差，但鱼一旦发现红虫后仍要品尝一番。挂红虫的时候一般将五六根红虫（多一些也可以，根据鱼钩和红虫大小而定）用红线捆在一起挂在鱼钩上。

面包虫、青虫的挂法

　　面包虫、青虫在装钩时，可以从它们的头部刺入，像装蚯蚓的方法一样，但要盖住钩尖。也可以采用竖穿2、3条，再横穿1条的方法，使它们的躯体一半盖住钩尖，一半呈下垂状。这种挂法适用于钓体积大的鱼类。

　　青虫个体大小不一，装钩时则要从青虫的肛门刺入，穿透虫体，使钩尖微露，也可将青虫尾端横向钩住，悬于钩上。

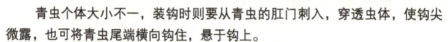

蚂蚱、蟋蟀的挂法

　　给蚂蚱、蟋蟀装钩时，应将它们的翅膀和大腿等四肢先去掉，然后把钩尖从颈部刺入，直至尾部，只要做到不使钩尖外露即可。

蝇蛆的挂法

　　用蝇蛆当饵料，装钩时不必截断，可整条装钩。装钩的方法有两个，一是从蝇蛆的尾部刺入，蝇蛆的尾部粗大、平坦，并且上有3个小孔，钩尖可从一孔刺入，经腹部自头部透出；二是从头部刺入法，蝇蛆头部很尖细，钩尖横穿头部，露出倒刺即可。还可以一钩装多条蝇蛆。

甩竿技巧 5.5

手竿甩竿

手竿甩竿一般分为 4 种方法：大回环甩竿法、半回环甩竿法、小回环甩竿法和送入法。

大回环甩竿适合在湖（河）面开阔、岸边周围无障碍物的场地进行。

如果钓点周围的岸边有障碍物，则不适合采用大回环甩竿的方法，这个时候可以选用半回环甩竿法或小回环甩竿法，这个方法同样要求钓区上面的空间不能有障碍物。

如果垂钓区域空间有障碍物，或钓区岸边人员拥挤，在这种情况下，采用送入法最为妥当。用此法再配合使用标准长度的钓线最为适宜。它的操作要领是：右手握竿，左手轻轻拉紧钓线，然后右手抬竿，左手同时撒线，利用竿尖的弹力轻轻将钩、漂儿送至预定地点。用这种方法的优点是准确、轻松，不妨碍他人垂钓。

海竿和两用竿的甩竿方法

　　钓者用右手握住绕线轮的基座，用无名指与中指夹住绕线轮基座，再用右手食指钩住钓线，紧贴海竿，同时左手翻转绕线轮出线环。

　　接着，将竿举起向身后仰30度~45度角。当竿尖位于头上时，再向前甩竿，松开右手食指，钩、坠被甩出。

　　待钩、坠甩出后，钓竿与水平面保持在45度角左右，使钓线自动脱出卷线盘，直至钩、坠入水。

　　最后等钩、坠入水沉底后，将绕线轮出线环拨回原位，再将钓竿架好，并用右手摇轮收紧钓线，之后再将小铃夹于竿尖即可。

投竿技巧 | 5.6

投竿指的是把鱼饵甩到指定的地方。对于新手来说，投竿看似简单，但和钓鱼老手相比，准确度有很大差距，因此必须多加练习，掌握投竿的要领。

手竿的投竿方法

弹送法

弹送法是最常用的投竿方法。首先，垂钓者面对水面，右脚向前跨半步，右手紧握竿柄，左手握住饵钩和铅坠，接着用握竿的右手将钓竿竿头向右拉开，使钓线拉直绷紧，直至将竿体弯成弓状，形成很大的弧度。此时突然将左手松开，让饵钩和铅坠弹向正前方远处的预定水域。

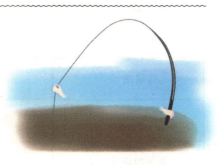

荡送法

当手竿和钓线都比较短的时候，则适合采用荡送法。这种方法与弹送法的不同之处在于竿和钓线都较短，而且甩出的力度稍小，所产生的角度不同。

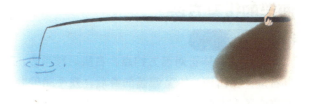

在扬竿时，钓者右脚向前跨半步，右手紧握竿柄，将竿与水面平行端直，再将竿向右侧移动 30 度，左手拿着饵钩和铅坠向左侧移动，将掉线拉牢，同时用右手将竿梢弯成弓状绷紧。然后左手松开，右手乘势将饵钩向前方甩出，使其落入正前方的钓点水域即可。

顶甩法

钓者面向左侧移动 45 度，双脚分开站立，两脚相距约 30 厘米。左手握住饵钩、铅坠，伸向身后横拉开，右手紧握竿柄并高高举向头顶，使身体与手臂成一条直线，然后将竿向钓点方向前倾，使钓线拉直，并逐渐绷紧，让钓竿弯成弓形，弓背朝向钓点。此时左手突然放开，右手同时向钓点方向甩动，使饵钩和铅坠从上方弹向远处钓点。此法挥动幅度大，而且需要弹力较强的竿。

双手投送法

钓者双脚分开,双脚距离30~40厘米(使用此法须特别注意要站稳,与水域保持较大的距离,以防落水)。用右手握牢竿柄根部,再用左手握在距离右手约25厘米处的竿柄处,然后将竿提起,让饵钩和铅坠离开地面,接着轻轻晃动竿体,使钓线连同钓饵连续晃荡几次后再荡往身后,再从头顶后方用力向前挥竿,甩向正前方远处的钓点水域。

几种投竿方法的优势

弹送法	便于操作,并且能使钓饵的落点远而准确
荡送法	荡送法适合在无风的天气操作
顶甩法	适合逆风的时候,且钓点又较远的情况下使用
双手投送法	投甩力度大,抛投的距离远

海竿的投竿方法

后抛法

钓者的身体正对前方钓点,右脚后移半步,双手将竿举过右肩,使饵钩、铅坠都荡向身后,双手略偏向左方,全身的重心落在左脚。挥竿前,用手指扣压住绕线轮。以上动作到位后即向正前方挥动钓竿,当饵钩等从头顶划过时,及时放开扣压绕线轮的手指,让钓线甩出,同时将左手收至离右手约30厘米处,压竿向前,使饵钩、铅坠平稳自然地抛投至远处的钓点。

侧抛法

垂钓者面对正前方的目标水域,右脚向后退半步,将钓竿握好放置在身体的右后侧,让竿梢向下倾斜至接近地面。将身体重心移至左脚,左手捏住竿的根柄部,右手握在离左手30~40厘米的竿处并发力将竿上举且压向前方,同时放开压线的手指,使饵钩等由头顶越过并向前快速抛出,平稳地落入远处水域之中,达到预期的抛钩要求。

斜抛法

投甩时，钓者随着身体的转动开始甩竿，当身体面对目标水域时，右手向前推送钓竿。其他的技巧和后抛法与侧抛法相同。

前抛法

钓者身体正对想要垂钓的水域，右手握住竿柄，将竿体置于身体的前面，让其与水面平行，再用左手握住饵钩和铅坠，向左后方拉直线，并进一步拉紧，使竿体弯成弓形，然后将钓竿向右上方挥提，同时松开左手，让竿尖将钩、坠弹向正前方的钓点水域。前抛法的操作简单，是垂钓者采用比较多的一种方法。

双手劈投法

钓者的双脚分开站立，两脚距离30厘米左右，双手握住海竿根部，并用手指扣住绕线轮。双手将竿举过头顶，使饵钩和铅坠垂向身后，然后眼看前方远处的钓点，握竿的双手朝前劈下，就像双手举斧劈柴的姿势将竿向下挥，同时松开压住绕线轮的手指放线，使钓线和饵钩从身后腾起，沿上空划出180度轨迹向前方平落下去，直至竿体与水面平行，钓线平稳自然地落入正前方的远处水域。

几种投竿方法的优势

后抛法	适合在钓点周围没有障碍物或人的情况下使用
侧抛法	适合钓位上空有树枝、电线等障碍物的地方
斜抛法	钩、坠都能投得很远，投出的距离容易控制
前抛法	钓点周围狭窄，钓点距离较近，不需要投得很远时采用
双手劈投法	适合钓点距离远，要求抛甩的落点很准确的情况

看漂的技巧

　　漂儿的状态不同反映着鱼在水里的状态不同,钓鱼的人们称之为"漂相"。撒好窝子稍等片刻,待窝子"发"了时即可将钓饵挂在钩上,用钓竿将钩线甩向打窝子的水域。通过浮漂的沉浮动作,以观测鱼儿是否食饵上钩。由于各种鱼食饵时的动作不一,因而漂浮的沉浮状态也各异,有的鱼向上送漂儿,有的鱼向下拉漂儿,有的鱼缓慢拖漂儿,还有的鱼"拉黑漂儿"(即突然快速将漂拉走)。有经验的钓者,通过观察浮漂沉浮的高低、快慢等变化,不但能了解即将上钩之鱼的大小,而且还能判断出鱼的种类。

钓底时的反映

　　小鱼的嘴较小,钓饵过大吞不进去,只能啃啄,以致浮漂沉浮的幅度很小,而且这种动作持续时间也较长。如果在此过程中,浮漂突然不动了,这时会有两种可能,其中一种可能是钓饵已被小鱼啃光;第二种可能是大鱼来到窝子水域。一般情况下,当钓饵不太软时,往往第二种可能性最大,因为开始小鱼无所顾忌地啄钓饵,而当大鱼来到钓饵前时小鱼势必纷纷逃离。一般常说的"大鱼没来小鱼闹,小鱼不闹大鱼到"就是这种情况。大鱼的嘴比较大,钓饵易被吞入,浮漂沉浮的幅度也大。如此当漂儿突然不动时,一定要特别注意观察浮漂的反应,随时准备提竿,以免失去良机。

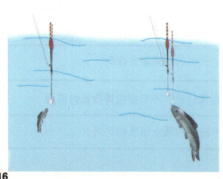

钓浮时的反映

一般情况下，在钓深浮时，鱼的食饵动作和浮漂的反应状态与钓底基本相同。

钓中浮和钓线浮，鱼儿一般都是先尝试后吞饵，拉漂儿。

有时垂钓过程中会产生这种现象：甩竿后，钓饵尚未沉到预定深度浮漂即开始上浮，直至平漂在水面上，这种情况是由于白条鱼或撅嘴鲢子劫食所致。这几种鱼游速奇快，反应灵敏，当钓饵尚未到预定深度时，它们即快速游来劫食上浮。

调漂的方法和误区

标尖目数的多少根据浮标浮力大小的不同而不同，目数不同表达出来的残余浮力也不同。众所周知的"调4钓2"已然不够用了，无论你用一支什么类型的浮标，必须调整出浮标最灵敏的状态并表达稳定的鱼讯信号。通常是在当天钓鱼的水域，将鱼饵拌好开始调标。

方法一是空钩半水不到底。先将铅皮慢慢剪去，一直到标尖露出水面半目或呈水平，然后在双钩中的一钩挂粒鱼饵，再往钓区抛出。这时浮标往下沉没，之后修剪铅皮，重新在另一钩上挂饵抛出。如此反复，修剪铅皮，直到量出一粒鱼饵悬停在半水的状态，标尖呈水平状露出水面为止。值得注意的是用的鱼饵要略大一些，因为鱼饵从水面下沉到池底的过程中会溶化一部分，一粒正常的鱼饵到池底大概溶得只剩2／3左右。因而在调标时将要用的鱼饵取出一小团搓黏，以正常施钓鱼饵的2／3左右半水调标，这非常重要，一定要恰到好处才行。鱼饵的大小决定了调标的目数，如果选用的浮标浮力偏小，或标尖的长度偏长，可以修剪铅皮使浮标标尖露出1目或1目半。假使标体和浮力偏大，标尖短，可以调整标尖露出半目或平水。

方法二是两饵轻触底。调标完成后再将不带鱼饵的空钩抛至钓区，通常浮标下沉到某一目就不再下沉了，这露出的目数就是适合使用的鱼饵调目。以这种方法调标，完成双钩挂饵抛出，浮标会缓慢下沉，接着再将浮标往上移动，直至双饵到底露出2目就可施钓。"台钓"的浮标功能是控制鱼饵在池底的状态。鱼饵在水下保持轻触底状态向上传递鱼讯。这种调标法保证了鱼饵到底，两粒鱼饵的重量既不会因浮标的浮力不足而由池底大部分承托负担造成迟钝现象，更不会因为盲目地调几目而造成浮标的浮力过大，出现鱼饵不到底和找不到底的情况。

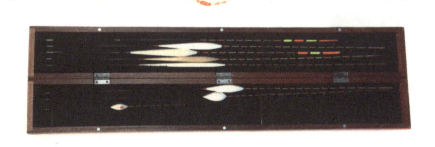

5.8 提竿技巧

提竿时机

与提竿时机有关的几大因素

1. 与所钓鱼类有关

通常鱼类不同，提竿的时机也会不同。以鲫鱼为例，在发现食物后，慢慢地游动靠近，俯头抬尾将食物慢慢地吸进口中，然后抬头上浮，一边咀嚼一边快速游走，如果感觉吞进口中的食物有异样，会将食物立刻吐出来。这个过程表现在浮漂上是先上下抖动，然后轻轻下沉，随即明显上浮，这就是在送漂，此时提竿，时机最好，命中率也最高。

以鲤鱼为例，这种体型修长的鱼类咬钩后，浮漂会上下抖动，当晃动的幅度较大时，浮漂就会出现呈斜向运动的情况。然后慢慢沉入水中，显得较沉重，此时提竿最佳。

还有像黑鱼这种比较凶猛的鱼类，口裂较大，并且非常馋，一般情况下吞钩都比较狠，咬上一口拖着便走，鱼钩刺进喉部，很少能吐出来，即使提竿稍迟些也无妨。

2. 与钓饵的软硬度有关

饵料硬度较强时，提竿可以略晚一些；相反当钓饵较软时，提竿则应稍早些。

3. 与季节有关

初春、冬季适合早一些出去垂钓，夏、秋两季适合晚一些垂钓。初春时节气温比较低，鱼儿经过一冬的休眠开始活动，活动范围比较小，摄食动作也轻，咬食时很少出现大幅度沉浮，这时提竿不宜迟，以早为好。春、夏季是鱼儿产卵、活动较为活跃的时期，鱼儿咬钩动作很大，可以按常规提竿，送漂即提，不需要太早。冬季鱼儿或在深水避寒，或进入冬眠状态，少有摄食，且动作幅度很小，一旦有浮漂移动信号，就应立即起竿。

4. 与鱼坠的轻重有关

比较重的铅坠反应很慢，应早些提竿；相反比较轻的吊坠反应灵敏，可迟些提竿。

5. 与水的深浅有关

在浅水垂钓或水表浮钓时提竿宜迟。浅水垂钓的时候，因为水线短，漂反应灵活，鱼吞钩尚未牢，漂就已送上来了，所以提竿宜迟不宜早，提早了容易跑鱼。深水垂钓正相反，因为水线长，漂的反应很慢，提竿宜早不宜迟。

提竿的方法

抖竿刺鱼

通常单手操作即可，使用3~4米的短竿，撩提的抖竿动作是通过"抖腕"来实现的。"抖腕"就是钓者手握竿柄，用爆发力向上抖动自己的手腕，促使竿尖上翘，瞬间将钩上提深刺鱼嘴。对于新手，在做这个动作的时候，要做到短促有力，用力不要过大，否则很容易会出现折竿、断线的情况。

在抖竿后我们紧接着需要做的就是提线，无鱼时线会很轻，可慢慢提线出水再进行换饵；有鱼时线会发沉，有下坠感或扭动感，应紧绷钓线，再判断鱼的大小来采取相应的对策，可以提也可以遛。

提竿的技巧

在垂钓时掌握提竿的技巧十分重要。有经验的钓手会在鱼儿咬钩瞬间就果断地用手腕和手臂的力量将竿一撞，这一撞短促并且具有爆发力，鱼钩就会钩住鱼嘴或鱼唇。然而没什么经验的垂钓者总是当鱼儿已被鱼钩挂牢，浮漂出现上浮或平卧水面时才提竿，这样提竿反应缓慢，时间延后，获鱼率也不如前者。其实提竿时靠的是腕力和前臂力，而不是全身的力量。没有经验的钓鱼者见鱼儿咬钩时既兴奋又紧张，马上就双手握竿，使劲将竿扬起。动作太大，力量太大，会吓跑其他鱼。若是头顶上或竿的左右方向有树枝等，鱼线还会缠在这些障碍物上。所以，提竿时动作幅度要小而有力，尽量使水面少出现浪花。在提竿的过程中，就能感觉到有没有鱼儿上钩，以及上钩鱼儿的大小。小鱼可直接提出水面。较重的鱼，就不要将鱼提出水面（免得将鱼竿折断），而应将鱼牵到窝子的外面，在水中将鱼拉到岸边。竿梢要始终保持弧形，鱼头向上，避免鱼挣扎。若是更大的鱼，则要遛鱼。遛鱼时尽量远离窝子，鱼线始终绷着，不能将鱼竿与水面平行，应保持30度或60度的角度。竿、线既要顺着鱼的窜劲走，又应有一定的控制力。鱼越大，越要冷静，遛鱼之后再将鱼拉到岸边。

提竿的动作要领

提竿的正确要领

竿柄处抵住持竿人的上肘部，肘忽然往下压，手腕爆发大力向上挑。提竿的动作有以下几点需要注意。

1. 控制好肘部、小臂和腕部的爆发力，尤其是手腕要顿一下。这一"顿"会让鱼钩刺进鱼嘴，所以动作幅度不要太大。

2. 一定不能对鱼竿大起大拉，这样会拉掉鱼的下颚，或令鱼吐钩更方便，从而形成跑鱼。

3. 在垂钓个体较大的鱼时应尽量遛鱼。钓到鱼以后，当鱼用力挣扎时，利用线的弹性左拉右摆，等到鱼筋疲力尽后，再以网抄取。小鱼则可直接抄取，不必遛鱼。

4. 当鱼往远处或深水处逃时切忌与之硬拼生拉，否则会惊走周围鱼群。可利用鱼线牵制鱼，让上钩的鱼来回兜圈，待其无力后再将其拖拉出水。

5.9 遛鱼技巧

遛鱼的原因

我们在垂钓时，钓到什么样的鱼，什么情况下需要遛鱼，必须根据实际情况而定。

从图中我们可以看出，水面水花四溅，体积比较大的鱼已经上钩，此时需要利用遛鱼的方法来制服鱼类，等鱼儿来回摆动直至精疲力尽时，就可以拉出水面了。

遛鱼的技巧

强行上挺鱼竿必然迫使鱼头上抬被迫离开原来的水层，这样加剧了鱼的恐惧感，鱼为了摆脱这种束缚，必然会奋起做全力一搏，向前下方向做垂死挣扎。强行拉竿的结果很可能导致拔河、断竿、断线、断钩。相反，如果采取向某一侧倒竿的操作方式，鱼感觉到的只是来自钓线的横向拉力，这个力没有把鱼强制提上去，没有对鱼造成极大的刺激，鱼很可能会顺着这个力道改变原来计划的逃跑方向而转为向某一侧游动，钓鱼者就可以顺利地化解掉鱼的第一个冲击波。

钓鱼的时候，如果感觉鱼在水中迅速窜，那上钩的可能是5斤以下的中等体型鲤鱼、草鱼或鲢鱼。这时可以试着用力上挺鱼竿，并使鱼竿轴线同地面保持45度~70度的夹角，再根据鱼的游动方向调整鱼竿，注意始终保持一定的角度，以躲避水草和水下障碍物。若没有挂牢鱼钩和鱼线太细断线的可能外，这条鱼基本上就是囊中之物了。

遇到鱼外窜导致鱼竿不能顺利挺起来的情况，钓鱼者若仍坚持上挺鱼竿，很有可能竿非但挺不起来还会被鱼拉得更低，最终使竿、线被拉成一条直线。即使钩、线再结实，跑鱼率也是百分之百。另外，若是鱼竿质量再差一些，粗暴上挺鱼竿会使鱼竿折断。正确的做法是根据鱼逃窜的方向迅速向该方向呈 90 度倒竿，这样会让鱼线始终同鱼逃窜的方向保持 45 度 ~90 度的夹角，迫使鱼离开原来逃跑的方向转头游向某一侧。

扬竿的过程中感觉手感沉重但鱼又不做突然冲刺时（也就是俗称的打桩），一般可以判断是钓到了一条大鱼。在这种情况下，应该立即向一侧倒竿来应对鱼突然出现的冲击，通过抖动鱼竿增加鱼的刺痛感使鱼停止打桩向一侧游动。虽然大鱼的蛮力十足，但游速却并不快，可以给钓鱼者留出一定的反应时间，这个时候只要我们保持沉着冷静，及时应变，把鱼钓上来的成功率会高很多。

避免了鱼的第一次冲击，事实上已经成功了一半。下面是遛鱼的时间。鱼会采取一会儿平稳游动蓄积力量，一会儿又突然发力奋力冲刺的方式摆脱鱼钩的束缚。然而鱼儿冲刺的次数同鱼体大小和鱼的种类有关。鲤鱼、青鱼体力比较好，鱼反复冲刺的能力突出，应做好长期作战的准备；草鱼、鲢鱼头几次冲击力道十足，但耐力有限，应该对初期的几次冲击认真对待。我们只要能在第一时间及时预感到鱼要突然发力并及时采取向两侧倒竿的方式控制鱼的冲击，鱼会在反复地冲击中将体力消耗殆尽，并最终乖乖地浮出水面。

遛鱼的方法

遛鱼前需要了解这些 在遛鱼前，要先了解鱼竿所能承受的拉力；钩和线能承受的拉力；绕线轮上有多少线等。

在遛鱼时，最好注意下钓点的情况，看看自身前后有没有障碍物；水下有没有树枝、石头等障碍物。要尽量避开这些地方遛鱼。

撩逗法

当竿梢连续抖动或被拉成弓形时

提竿拉不动，很有可能是大鱼"打桩"，这时最适合撩逗法。双手握竿绷紧钓线，缓慢地提拽钓线，反复几次后，大鱼就会忍不了疼痛，浮出水面，然后再遛鱼即可。

长线控制法

当确认钓上的是大鱼需要遛鱼时

既要做到收线，也要做到放线。放线控制在 25~30 米，不是任由鱼拉线，而是要通过鱼轮的拽力进行控制。

只要拽力适度，既可以做到鱼拉动鱼线，又可以迫使鱼费大力气以达到消耗其体力的目的，反复几次，即可把鱼遛累。再慢慢用力将竿抬高呈 45° 角，将鱼头提出水面，直到将鱼遛得难以保持平衡，出现侧身歪倒的情况，就可以把鱼遛至近岸。

注意在提竿时，一定要保持一手在上，另一只手在下握紧竿柄，动作要有节奏，不可忽快忽慢、忽重忽轻，要做到主动领鱼，千万不能让竿倒向鱼逃窜的方向。

另外，领鱼运动的运动轨迹要呈圆圆弧形，促使鱼在不知不觉间改变游动方向，鱼线移动的速度也要快于鱼游动的速度，让鱼跟着鱼线游，这是控制鱼游向的关键。只有这样领鱼在水中转弯，反复引遛后才最有效果。

"8"字遛鱼法是长线控制法的继续和延伸

当鱼被控制在25~30米时，鱼已经过多次被遛，处于没有力气冲刺的阶段，此时钓者可以马上收线。待拉鱼靠岸边5~6米时，开始如下图采用的"8"字遛鱼法进行遛鱼，直至抄鱼入网。

遛鱼的注意事项

1. 不要死搬教条采用"8 字"遛鱼法

要在预感到鱼逃走的方向的前提下合理地应变，使钓线同鱼游动的方向始终保持45度～90度的夹角，这样可以使鱼始终跟随着钓线游动，将主动权控制在自己手中。

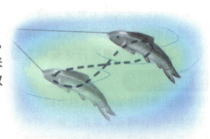

2. 及时采取倒竿方法调整鱼的冲岸行为

如果岸边有足够的后退空间也可以及时后退。因为此时如果不及时采取相应的措施就会使鱼线同鱼竿的夹角变小，过小的夹角会导致鱼竿形成死弯造成鱼竿折断。

3. 遛鱼时不可操之过急

当鱼还没有自行浮出水面时，没经验的钓者往往会采取强制性手段将鱼提到水的上层，其结果是鱼受到了惊吓，而此时钓线和鱼钩已经受了很长时间的抻拉，在鱼的最后挣扎下往往会出现断竿的情况。

抄鱼技巧 5.10

准确的抄鱼时机是当大鱼被彻底遛疲翻白之时，立刻拉到岸边用抄网抄起，只有把握好时机才能事半功倍。

抄鱼的技巧

1. 抄网的使用技巧

抄鱼时，应该斜插入水，使鱼头对准网口的中央，再顺势将抄网向前推鱼入网，这个过程必须一次成功，否则鱼会伺机逃走。当鱼入网后，要放松钓线以防鱼被紧绷的鱼线拖出网外。

2. 不要先把抄网放入水中

先把抄网放进水中，这种方法是不可取的。鱼见抄网，必拼死挣扎，反而很容易让鱼逃脱。正确的做法应该是将鱼遛乏之后，直至肚皮朝天一动不动的时候，再拉到近岸用抄网抄起。

3. 上钩的鱼如果还能自由游动，说明鱼还有力气，不能拿出抄网

由于抄网在水中存在很大的阻力，一般人的反应跟不上鱼的游动，尤其是鱼还有力气的时候，很容易会挣脱，所以必须将鱼遛乏、不再游动的时候再用抄网抄鱼。

4. 尽量不要从鱼的后面开始抄鱼

从后面开始抄鱼是非常不可取的，好似拿着抄网赶着鱼走。所以在抄鱼的时候，必须先从鱼的头部开始抄起，因为鱼不能快速撤退，才会顺势抄进抄网中。

5. 在准备钓大鱼之前，首先要把抄网放在身边

这样做可以在将鱼遛到一定程度需要用抄网的时候，方便拿取，避免在需要用网的时候，一手提着钓竿，抄网又离自己很远，即使拿到了抄网，也耽误了时间，忙乱中造成鱼的逃跑，那就太可惜了。

6. 最好不要挑着竿子遛鱼

控制鱼的过程是短暂的，大鱼咬钩后必然扭头游向水中央，此时如果我们一味高挑着鱼竿，以为只要保持竿与线之间的大夹角就能控制住鱼是很不靠谱的想法。此时要将高挑的竿迅速下撤，让线与水面平行才可以。

123

7. 用炸弹钩钓上的鱼，抄鱼时要注意方法

抄鱼时最好使鱼头从抄网口的中间部分进入，不要让鱼的头部碰上抄网，因为炸弹钩的钩较多，很有可能会挂在抄网上，使鱼不能入网，以至于造成脱钩的现象。而在使用串钩的时候，更需要防止抄鱼时多余的钩挂住抄网。

8. 抄鱼最好直提，杜绝横扛

在抄上鱼后，新手往往不看鱼的轻重，双手把抄网一抬，想横着把鱼擒上来，其实这样做很不合理。由于鱼的重量不仅压在抄网上，同时也压在抄网的柄上，而抄网的横向负载力是有限的，弄不好会造成抄网断裂。正确的做法应该是侧起抄网，把抄网口竖起来，握着抄网柄或抄网的金属圈把鱼端起来。

❶准备抄鱼的抄网。发现大鱼时要沉着冷静，用抄网慢慢接近上钩的大鱼。

❷把鱼遛到真正困乏、肚皮朝上时，再将抄网斜插入水中。

❸以网口对鱼头抄入，顺势使抄网向前推进，将鱼抄入网中。

❹在鱼被抄入网内后，要及时放松钓线，防止已经进了抄网的鱼，又被紧绷的钓线拉出网外而跑鱼。

四季钓鱼技巧 **5.11**

春季钓鱼技巧

一季度有三个月。三个月中，前后气温有较大变化：初春时，气温虽然在慢慢回升但总体而言还较低，鱼儿还很少活动，二月、三月上旬还不是适合钓鱼的时期。

真正适于春钓要到季末的四月。此时树叶开始萌芽，万物复苏，气温逐渐上升，鱼儿开始缓缓游动，也开始有了食欲。及至四月下旬，鱼儿特别需要食物，此时是垂钓的好时机。

春钓时，应注意以下几个重要环节。

水深

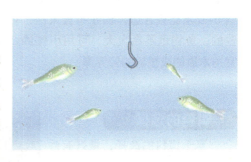

在清明前选 1~1.5 米深的浅水处做钓点，因为这个时间深水处水温还较低，鱼儿多喜欢在水温较高的浅水处活动。清明后可在水深 2~3 米处放钩，此时稍深的水域也已是鱼儿喜爱栖息的地方，当然还应根据当时的天气来决定。

选择钓点

钓点的选择对春季垂钓至关重要。宜选沿岸较弯曲的回水处，这是鱼儿最爱栖息、洄游、逗留觅食的地方。

水草也不是越多越好，水草的密度过大，阳光被水草遮挡，水面会显得阴暗。鱼儿是不会选择在光秃无草的岸边栖息的，它喜爱有适度光亮但又没有强光直射之处。所以春末气温较高时，水面较暗的地方就容易钓鱼。钓鱼经验丰富的人常说"先阳后阴，先浅后深"，大体是说早春时应选阳光较充足的浅水处进行垂钓，在春末夏初时，可以选背阴的较深水域下钩。

风向

春季钓鱼选择钓点时还应照顾到风向问题。在初春阶段，迎风处很难钓到鱼，而到了春末，在风和日暖的时候，迎着微风的水面可能被吹出层层细浪，风还会把浮漂的饵料吹到岸边来，这就会引来很多的鱼前来觅食。因此，这个时段迎风的水域，尤其是有活水流入的水口，是极为理想的下钩处。

对落钓点和垂钓时间的把控

春季可以选择在池塘、湖泊或小江河进行垂钓。钩点离岸的远近也应根据时段做出相应的改变。初春的时候气温较低，适合把鱼钩置于离岸较近的水域。从春末时节到此后一段时间内，气温较高，此时就应当将鱼钩甩放到离岸远的水域中，因为此时鱼儿喜欢在较深的水层中活动。

总而言之，应根据气温的变化来决定下钩的深浅和垂钓的时间。在有阳光的晴朗天气，上午9时以前和下午4时以后气温相对较低，钩点应选在离岸较近的水域。上午9时至下午4时这段时间气温比较高，则应改在离岸稍远些的水域去钓鱼。在没有太阳的阴雨天，则应在靠岸较近处下钩。

钓具的选择

春季钓鱼时一般采用较软的手竿，长度以5~6米比较合适，钓线不宜太粗，可用细些的，鱼钩也不易太大，可用小些的。浮漂宜用木质的或塑料的轻浮漂。

饵料的选择

至于饵料的选择，最好有蚱蜢、蝼蛄等昆虫，如不易捉到，则用红虫、蚯蚓、精猪肉，总之，应以荤饵为主，也可带些有香味的粮食。

夏季钓鱼技巧

钓点的选择

夏季钓鱼的时候选择适当的钓点是非常关键的。夏天的天气炎热，尤其是大晴天，阳光直射水面上，从上午9时起水面就开始升温。鱼儿也和人一样是比较怕热的，天热的时候它们都躲在大岩石、沿岸洞穴或树阴下乘凉觅食。所以钓点适合选在池塘、湖泊、江河沿岸有枝杈伸进水面上方，且有树叶遮阳的凉爽水域。或者水面上有石梁、船只旁边有竹排、木排等物遮挡住阳光的阴凉水域。这些阴凉水域如果有水草或浮萍，鱼儿更喜爱了。

夏季选钓点还有几个必须知道的要点。由于夏季雨天较多，并且常有大雨，因此常常可遇到涨水的情况。涨水时，在江河、湖和水库的入口处进行逆游的鱼特别多，这个时机下钩，常可获得极好的收获。

垂钓时间的选择

夏天天气炎热，应在比较凉爽的时候下钩。最好要起早贪黑进行垂钓。时间一般在上午9时之前和下午5时之后。除此之外，在雨后初晴的时候，水面上有微风吹拂，此时也是垂钓的良好时机。但要注意，夏季阴天钓鱼，在较浅的水域鱼多，容易上钩。

上午9时之前　　　　　　　　下午5时之后

钓饵的选择

由于夏季温度高，鱼的食欲远不如春季那样旺盛，垂钓的时候可以选择一些对鱼有诱惑力的钓饵。荤饵方面，可捉些蝗虫、蚂蚱、蟋蟀等，也可捞些红虫、蚯蚓、小虾等。素饵方面，可用苹果、香蕉、桑葚、樱桃等果品或炒香的面团、米粒，最好是香味浓、色彩较鲜艳的，投饵的量要大一些，这样对鱼才会有较强的吸引力。必要的时候还可用些有酸味的或涂上香油的面团和嫩玉米粒等。

秋季钓鱼技巧

秋季是非常适合钓鱼的季节。

秋季到了以后，鱼的食欲比夏季旺盛。这个时节鱼儿需要摄入充足的养分，好在体内存储足够的脂肪，以备严冬的消耗。

初秋的时候，暑气尚未消尽，仍可按照夏季钓鱼的要求施钓。进入秋季的中期后，钓鱼时就应随着气温的下降采取一些新的措施。

秋季晴天较多，但水温下降，初秋最好选择早晨6时到9时和下午3时到6时这两个时间段垂钓。而深秋时节则应在水温较高的中午前后的2~3小时进行垂钓。总而言之，应根据水温来调节钓鱼时间。

而且初秋的气温时高时低，并带有雷阵雨。雷雨过后气温会降至 20~28℃，此时，水的含氧量较高，雨水从岸上冲刷进河中，带入大量适合鱼儿喜好的食物，引来各种鱼儿前来抢食，是一个极好的垂钓时机。

中秋过后，气温较低，外出垂钓宜选晴好天气，水面受到阳光照耀，水温有一定升高，这时比较容易钓到鱼。在有三级以上风力的日子，最好不要外出垂钓，否则很难收到满意的效果。

钓点如何选择

初秋时水温较高，此时鱼儿还不肯过多活动，大多数鱼儿隐藏在深水中栖息，觅食的时候也只在树荫下或水草较密集处缓缓游动，垂钓只能在 2~3 米深处下钩。早晨和傍晚，则宜在近岸的浅水处放钩。

中秋过后，气温变得不冷不热，鱼儿觅食活动开始变得活跃，这时便可以全日在浅水处垂钓，特别是在阳光明媚时，浅水处的水温有所升高，此时可在 1 米左右的水层中放钩，这里多聚集小白条和小鲫鱼一类的鱼。但到深秋时分，水位下降了之后，鱼儿就不到浅水区来了，钓点需适时地转换到深水区去。

鱼儿喜爱在活水边觅食，这种地方是较好的钓点。如果附近有水草分布，则更是难得的下钩处。

另外，鱼儿很喜欢在有乱石和水草的沿岸深处游曳觅食。如果想钓草鱼，可以采摘些青草扎成把子投入水中，可引得草鱼前来寻食。初秋时宜用浮钓，到了深秋水温转凉时，则应该根据当时的水温高低而改变下钩的深度，水温越低，放钩越深。

打窝子也应选择较适宜的水域，一般宜选浅滩凹凸不平、底部有沟坎处，或是桥墩附近、码头旁边的洄水处，或是有树桩、竹排、乱石堆等近边浅水活水处。

钓饵如何选择

秋天是钓鱼的好时节，吃钩率非常高，钓获量大，是一年中又一个钓鱼的黄金季节。鱼类经过春季的繁殖、夏季的生长，到了秋季已经很肥了。为了越冬的需要，鱼类会加紧寻找食物，以在体内储存足够的养分。从以往在郊外垂钓的经验看，此时鱼儿对食物的欲望非常强烈，杂食性鱼类大多不择食，入窝迅速，见饵就吃。虽然我们用荤、素饵都能钓到鲫鱼、鲤鱼，甚至草鱼，但为了收获更大仍然要讲究用饵的针对性。

一是要针对鱼的口味。秋天的鱼类虽饥不择食，对荤、素饵都感兴趣，但到了钓点时，如果发现鱼上钩的情况不理想，就要分别用几种钓饵进行施钓。也可以分别将荤、素饵装在双钩上试探，看鱼儿到底喜欢吃哪一种饵，只要我们用心，就能确定该水域的鱼类最喜欢食的饵料，从而取得好的结果。

二是给鱼类好的适口性。好的适口性是指饵的形状大小要方便鱼摄入口中。这一点常常被忽略，这对提高鱼的咬钩率尤为重要。一般来说，大鱼所适合的饵形宜偏大一些，水果、山芋、马铃薯等素饵都是比较好的选择，一定要考虑鱼嘴的大小，便于鱼儿入口。在钓鲫鱼的水域，素饵用饭粒、黄豆、嫩玉米粒即可，用水果、山芋、马铃薯做钓饵时，不能太方，也不可太大，应做成黄豆和玉米粒的大小。

冬季钓鱼技巧

　　我国地域辽阔，在长江以南各省，冬季的河流很少结冰。这些地区，在冬天也可以照常钓鱼。

　　在我国黄河以北各地，也可进行冬钓，所谓冬钓实际上就是指"冰钓"。

冰钓钓点的选择

　　由于水面被冰封住，只能在冰面上多凿几处冰孔来探测鱼情。具体做法是先选择好避风、向阳较暖和的冰面，凿开 30~35 厘米的孔眼，每隔 60~90 厘米凿一个、凿 4~5 个，形成扇形或梯形排列作为一组。可凿几组以便观察判断，再从中选出符合要求的一组作为钓点，选定钓点后，即可在每个孔眼放一副钓竿，开始垂钓。

冰钓的方法

　　冰钓分为两种方法。

　　一种是底钓，这种钓法主要用于钓鲫鱼、鳊鱼、鲤鱼、青鱼等，一般是在静水水域进行底钓。冬季的水温低，鱼儿摄食动作缓慢，吞饵后浮漂的反应比较轻微，浮漂只是稍稍地升起，微微地落下，发现这种动静就应该立即提竿。

　　第二种是钓浮。钓浮主要是钓哲罗鱼、狗鱼等凶猛的肉食性鱼类。这种钓法需用小活鱼为钓饵，鱼钩只悬在水底的中层或中下层，最好能使小活鱼在水层中不停地活动，以引起那些肉食性鱼类的注意。下钩后如发现有轻微送漂或"拉黑漂"的现象，就应该立即提竿。

冰钓时间的选择

说到最适合冰钓的时间，非每年12月上旬至第二年2月中旬莫属。用东北钓鱼行家的行话，叫作"钓两头"，也就是指在70多天之内，一头一尾各有半个多月是鱼的摄食高峰期。前一头因刚结冰不久，当天气好转，温度有所回升的时候，鱼儿有些饥不择食，再加上严寒即将来临，鱼儿急需积蓄营养以抵御严寒。后一头是因为春意渐浓，气温已开始转暖，鱼儿已从冬眠状态下逐渐苏醒过来，开始游动觅食。

在严寒的冬天进行垂钓要掌握最佳的钓鱼时间。上午10时至下午3时，这段时间被钓者称作"黄金时段"。

冰钓应注意的问题

冰钓要做到"四不"，即"点不死守，钩不停逗，人不扎堆，钓不走神"。就是说无鱼上钩的钓点应该放弃，立刻换新钓点；鱼钩上的活饵应活动着，用来引起鱼的注意；多个钓者不要聚集在一处凿眼垂钓，应该分散开，多处凿眼；钓者应该思想集中，以免漏漂、误漂。

冰钓的方法

冬季冰钓的钓具和其他季节使用的钓具略微不同：冰钓的钓竿最好采用弹性好、韧性强的玻璃纤维制品，竿的长度应根据所钓水域的水深来配备，最常用的是1.6~2米的。由于冰钓凿开的一组孔眼一般有4~6个，所以钓竿需配备6~7根。

钓鱼的钓线用直径0.2~0.3毫米的即可，并且鱼钩也不宜大。在主线和子线的组合上要精细些，并尽量用灵敏度高的浮漂，如七星漂或10厘米左右的细尾小风漂，以提高线组的灵敏度。不过，如果钓点有较大的鱼可钓时，也可用较粗些的钓线和较大些的鱼钩。

冰钓钓饵的选择

冰钓时可采用荤饵或素饵。从效果来看，荤饵比素饵的效果更好一些。荤饵可以用红虫、蚯蚓、家畜肉和鱼肉，冬季以蚯蚓最易取得。素饵可用小麦粉、黄豆粉、玉米面、麦皮粉等配置而成的小团粒。

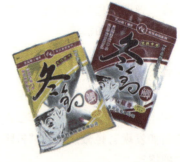

台钓技巧 5.12

台钓技术最早在日韩比较流行，后流传到我国台湾省，经过不断改进创新形成了一种独特的垂钓方式，我国台湾省也称其为悬坠钓法。

台钓的特点

台钓的技巧完全打破传统垂钓的方式，让垂钓的娱乐性更强，更具技巧性，因此成为竞技比赛的项目。

台钓有着自己独特合理的搭配钓组方式。因其钓组灵敏，上鱼速度也很快，诱钓结合，更深层次地体现出垂钓的优势，受到越来越多钓鱼爱好者的青睐。

台钓对钓具的要求

台钓对鱼竿的要求

台钓用竿讲求短竿，所以其长度一般为 6.3 米、5.4 米、4.5 米、3.9 米、3.6 米或 2.7 米。钓竿均选用碳素材质，这种材质既有韧性又很好地减轻了本身的重量。为了能更好地体现垂钓不同鱼种的手感，可选不同的调性，有适合专钓大型鱼类的硬调，有适合专钓中型鱼类的中调，也有适合专钓小型鱼类的软调。当然一般的休闲垂钓，也没有太多的讲究，不同调性的钓竿都不会影响上鱼，只不过手感不同罢了。

台钓对钓线的要求

台钓的钓竿是钓具中比较贵的，这样就必须要有很好的保护措施。为了保护钓竿，就必须选择不同的钓线，以免在上鱼时因为钓线的拉力问题而导致断竿。早期的钓线以尼龙为主材料，现在因为台钓的流行，对钓线的要求更加苛刻，要求钓线既要细又要有韧性。

台钓对鱼钩的要求

台钓的鱼钩跟传统的有很大区别。台钓的钩形大小不一，且都有着锋利的钩尖，以便更灵敏、更快捷地刺鱼。大部分台钓鱼钩都是无倒刺型的，这是为了方便摘取鱼且又尽可能地不伤害到鱼儿。垂钓的鱼种、鱼型不相同，使用的鱼钩形状与大小也不相同，针对特殊的掠食性鱼类还有特殊的长柄钩型设计。

台钓对浮漂和铅坠的要求

台钓的主要特色就体现在浮漂之上。浮漂是钓鱼者的眼睛，需要灵敏的信号和精细的设计。浮漂和鱼钩一样都具有繁复的种类。再根据不同的鱼层、不同的水深、不同水域及不同大小，对线组的粗细的浮漂做出相应的配置。而且制作浮漂的材料也各有不同，有孔雀翎、巴尔杉木、纳米材料、轻木、芦苇等，各种材质都有各自的特点，让垂钓爱好者颇为头痛。

台钓的辅助工具

台钓的辅助工具很多，钓箱是垂钓者必不可少的辅助工具。钓箱也是垂钓者的坐凳，只不过在就坐的同时还可以安置各种辅助工具，如钓竿支架、鱼护、晴雨伞、饵料盘等。休闲钓没有那么多讲究，随便拿个小凳子就可以。相比之下竞技钓比较讲究，钓箱是必不可少的一种钓具。比较正规的台钓钓具，还应当配备其他的装备，例如抄网，以便能抄起较大的鱼；钓竿支架，是为了垂钓握竿更不费力，方便竿子放置；竿包，是收纳放置鱼竿及其他物品的工具；晴雨伞，是为了遮挡雨滴与太阳。另外，还有一些必须的小配件，如太空豆、浮漂座、铅座、八字环、铅皮、小剪刀等。

台钓饵的炮制

台钓饵的炮制需要按照包装上的使用说明来完成。一般来说，台钓饵的炮制要就地取水，比例是一比一。先从鱼池中取一定量的水倒入食盆中，再取同等数量的饵料倒入盆内水中，用食指、中指、拇指拌5秒钟左右，停放数分钟后用手蘸水搓揉便可。炮制好的鱼饵应松软适中，且有一定的黏性。炮制好后制成大小一致的鱼饵装钩，鱼钩要在正中。

台钓如何撒窝子

台钓的特点是钓饵的诱、钓合一。台钓不是用专用的撒窝器将钓饵撒入钓点的，而是用先进的鱼饵、准确的抛竿动作，将鱼引到一起，像是排着队来争抢鱼饵。台钓的饵料团粒一入水便开始溶化，从水面到水底化成圆锥状，通过不断的抛竿、扬竿，起到不断引鱼的作用。

台钓的特征

台钓能使垂钓者更加舒服轻松地体验垂钓的乐趣，但又包含了很多的技术含量，因此让垂钓者乐此不疲。每一次钓鱼都会面临各种各样的挑战，会让人觉得永无止境，这就是台钓的魅力所在。还有不少的钓友，以前很喜欢垂钓，但都不对传统钓太过痴迷，接触台钓后就被深深地吸引了。虽然台钓需要一大堆钓具，传统钓只需简单的一竿一线一鱼篓、一把酒米一条蚯蚓，但是，就因为台钓不单单只有传统钓的七星退漂信号漂相，而是会体现出各种鱼儿觅食的动态漂相，更能体现鱼儿疯狂就饵的状态，才让人感觉更加深奥，痴迷般地愿意去不断探索。

台钓的优点

台钓与传统钓鱼是两种不同的钓法，它们既不相同，又相互联系。如果没有传统钓法，就不会出现台钓；如果没有台钓，也就无所谓传统钓法。从理论上分析，台钓的灵敏度、隐蔽性、对鱼的诱惑力等方面的优势都是传统钓法所无法企及的；从实践中看，风靡全国的手竿钓鲫比赛也已证明了台钓的先进性。作为一种新的垂钓方法，台钓能做到尽可能多、尽可能快地钓上鱼，这不仅表明了其技术上的先进性，而且满足了人们的征服欲和成就感。因此，台钓是一种有生命力的钓法，学习、研究、发展这种钓法，应该是我们每个热衷垂钓的人共同努力的方向。但是台钓优点虽突出，却只适宜在养殖池塘钓高密度的小型鱼类，不适宜自然水域及恶劣天气条件，而且学习台钓需要雄厚的物质基础，目前很多钓者还不具备此条件。例如，买上千元乃至数千元的碳素竿、置一二百元一根的高级"达摩"漂、备太阳伞和钓鱼冰箱，整套设备价格昂贵，非一般经济条件可以承受，尤其是对离退休老年钓者及其他收入低微的钓者更不适合。另外，调整浮漂较复杂，不适应刚刚入门的垂钓爱好者。

台钓的不足

台钓使用的是短竿、细线，所以只能在水面较小的鱼塘或养鱼湖等风浪相对较小的水域垂钓，所以对钓鱼场的要求也有局限性。在较大的水域、靠岸边的水浅，鱼儿游不到近岸处，用台钓的短竿在近岸的浅水区则钓不到鱼。遇到这样的情况，通常用10米以上的钓竿。钓鲫鱼最适合用短竿、细线、双钩。钓青鱼、草鱼不适合短竿，也不适宜用双钩，因为一条大鱼就够竿子承受的，若两条大鱼同时上了钩，短竿、细线绝对承受不了鱼的窜劲。唯有长竿、粗线、单钩才行。另外，台钓要求竿梢入水，短竿当然可行。若是10米以上的长竿，竿梢入水就有困难，因为长竿大部分没有支柱，只能靠手掌握着竿子，时间长了手发抖，手的晃动同时影响到竿梢的晃动，竿子不稳定，鱼儿易受惊，不易上钩。"调四目、钓二目"是台钓的技术关键，适用于短竿、静水，浮漂的反应易被发现。若是长竿，浮漂离人的距离远，浮漂在水面以上的"二目"易被波浪淹没，就是三目也不一定能看得清，所以说"调四目、钓二目"在大水面不适合。

台钓也不适合野外鱼稀的水域。台钓通常无诱饵，只是靠钩上的饵料在水中溶化散落水中来吸引鱼儿，钩上的钓饵多在2~3分钟脱落离钩，此时就得提竿重新挂饵，投下去若无鱼，每隔2~3分钟又得提竿。如此反复不仅累人，也浪费饵料。

5.13 海钓技巧

海洋环境与淡水环境不同。海洋有暖流和寒流。大多数的海鱼随季节游动，海水流动还会带来大量有机物和浮游生物，在寒暖流相遇之处，是海鱼觅食的最佳场所。海洋同时会有潮汐的涨落。海水涨潮时会把大量的有机物质和鱼带到岸边，这个时候更有利于垂钓；落潮时不宜垂钓。早晚的时候海面相对平静，适宜垂钓。海上白天易起大风浪，甚至会危及垂钓者的安全，不宜垂钓。

海钓的工具特点

海钓与淡水钓使用的鱼竿不同。在前面的工具专题中已对海竿有详细介绍，此处不再赘述。海竿不论何种质地，都应有较强的硬度，并且都需配备绕线轮。海竿在淡水垂钓中也广为使用。海钓鱼线应稍粗一些，直径应在0.5毫米以上，线长60～70米，分母（主）线和子（脑）线。海钓的时候，海上风浪较大，浮漂的传递信息不明显，因而海钓中可省去浮漂，凭手中的颤动感或视觉来直接判断鱼是否上钩。海钓的钓钩应准备多枚，以适应不同鱼种的需要。海竿的坠大多为活动式的，鱼吞钩后线自由牵动竿梢，鱼坠宜偏重，海竿中也有用死坠的。

海钓钓饵的选择

捕捉活虾做钓饵

活虾是最常用的海钓饵料，它的体型较小而且生命力强，非常容易采集和保存，是很多鱼类，尤其是名贵鱼种所喜爱的食物。最常作为饵料的活虾有斑节虾、沙栖对虾、沙虾、白虾等，虾的个体大小在10厘米以内为最佳。虾分布在沿海的浅滩上，它的采集、捕获很简单。

采集活虾时一定要准备捞虾网，设于海岸边，用剩饭菜、烂肉渣子作钓饵，这样一次可有较多活虾入网。

保存活虾的方法也比较方便简单。找一较大容器，底铺2~5厘米厚的细沙，同时加入干净的海水，放入活虾，再在容器口蒙上细沙布便可。要注意海水应能刚好没过虾的背部，容器口的纱布一定要有小孔，以便于虾的呼吸，同时防止它从罐子里跳出来。

每天应换两次水。

垂钓过程中可将虾装入虾篓扎在海水中，现取现用。挂虾上钩时，对于个体偏大的虾，钩应穿过其眼角的后钩额刺基部，这样可让虾在水中自如游动，个体偏小的虾则应将钩穿过其尾节，这样可保持饵的鲜活，不仅能使虾自由活动，还可以提高上钩率。

捕捉活鱼做钓饵

选用活鱼作钓饵时，鱼儿要选择形体小一些、体色呈银白色的鲻鱼、弹涂鱼等。它们大多容易捕捞，易被大鱼喜爱，是广大钓鱼爱好者常用的钓饵。

捕获鲻鱼、弹涂鱼，一定要充分利用其趋光性，选择夜间涨潮的时候，在水面设下密网，用明亮灯光诱鱼，然后捕捞。将活鱼装钩时，有颚挂、眼挂、背挂和捆扎法等。颚挂即将钩穿过鱼上颚；眼挂穿钩的部位在鱼眼旁的腮盖上；背挂法应将鱼钩扎进鱼背上的鳍中；捆扎法适合垂钓个体大、性凶猛的鱼类，将钩尖扎过鱼腹部，并从钩柄处伸出线将鱼从尾部绑死。

总而言之，将活鱼穿钩时在保证牢固的前提下，一定要尽量避免伤害鱼的肌肉和内脏，让它在水中自由活动，并能在较长时间内存活，以提高上钓率。

绕线轮的作用

海洋的面积广阔，水体很深，要求用较长的鱼线。绕线轮的产生是为了方便垂钓者配备及调整鱼线的长短。目前绕线轮是海钓必备的工具，运用广泛。绕线轮可分为电动式绕线轮、旋压式绕线轮、密封式绕线轮、盘式绕线轮和袖珍式绕线轮等品种。电动式绕线轮采用电机操作，使用方便，鱼上钩后自动收线拉鱼。但电动式绕线轮体积很大，携带不方便。旋压式绕线轮操作简单，收线速度快，体积适中，是目前广为使用的一种绕线轮。

海钓钓位的选择

　　海洋环境较为复杂，考虑钓处一定要综合多种因素，以下有几条普遍的适用原则。首先要避免浅滩。大多数鱼儿都有避光性，一般只有夜间和早晚在浅滩活动。浅滩上阳光充足，不适合鱼类活动。其次应选择滞水区。内海中的滞水区包括河流入海口、生活码头、防波堤等，这些地方水底淤泥或沙石较多，水流缓慢、饵料丰富，鱼儿较多。最后要说的是岩礁垂钓应选面向海潮冲击的一面，即通常所说的潮表。潮表带来丰富的浮游生物，所以是鱼儿聚集的所在地。

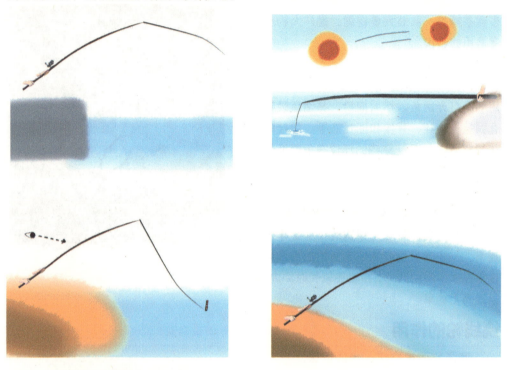

潮汐和海风对海钓的影响

　　1.潮汐对海钓的影响非常大，在涨潮和落潮期间，海水处于运动状态，鱼在此时也四处觅食，所以涨潮和落潮是海钓的最佳时期。特别在涨潮期，鱼儿咬钩频率比平时高数十倍。

　　2.海风对海钓的影响仅次于潮汐，有风的时候海钓要比无风时候好得多。有风的时候，风力搅动潮水运动，同时增加了海鱼觅食的频率。以三四级风大小为好，连续几天大风之后平息下来，是海钓的最佳时机，通常海鱼在大风中好几天未进食，海浪平静下来后特别饥饿，上钩率成倍提高。在风力不大的前提下，从海洋吹向陆地的风（逆风）比从陆地吹向海洋的风（顺风）为好。但风力太大就不好了，它不仅影响抛钩，而且将大片海草吹向岸边。

海钓的几种类型

船钓

船钓说的是海钓者离开海岸，在船上钓鱼，船可以静止或者运动。船钓的装备齐全，鱼钩是随鱼而定的，钓什么样的鱼用什么样的鱼钩，线的韧性也极好，鱼竿和摇轮也很先进。上鱼时鱼竿即使严重弯曲也不会断裂。摇轮还有手刹，无论多大的鱼上钩，都不会发生跑鱼的现象。

矶钓

矶钓是指在海岸边钓鱼。矶钓者用的鱼竿是碳素竿，好几米长的鱼竿才几两重，即使在手上拿一天也不感觉累。线用的是玻璃纤维线，鱼钩是随大小编号的，而且不会生锈。

海钓的方法

浮游钓法

一般海洋中的鱼类生活水层各有不同，有生活在上层的黑鲷；有生活在中层的白带鱼、六带鲦；还有生活于底层的石鲷鱼等，我们必须借助浮漂的浮力，让钓饵悬垂于适当的水层才能方便捕获它们。

沉底钓法

海洋中有许多鱼类是海底栖息鱼类，在海底觅食，如砂质底域的沙肠仔、鲽鱼；泥质底域的真鲷鱼、马头鱼；砾岩底域的海鸡母笛鲷、石斑等。钓者借助沉子的重量，让钓饵沉入底域来钓获它们，这种方法叫沉底钓法。

拖曳钓法

同样，海洋中还有很多强势的鱼类，以猎食为生存方式，被统称为"掠食性鱼类"，如旗鱼、鲔鱼等鱼类。钓这类鱼，需要垂钓者根据其猎食的特性，用手拖动钓饵的方法来钓获它们，这种方法就叫拖曳钓法。

鱼饵提示

海鱼多是凶猛类肉食性鱼类，"大鱼吃小鱼，小鱼吃虾米"是它们的食物特性。针对这点，以鱼肉、鱼肠、海虾、海蟹、牡蛎、蛏子和蛤类等软体动物的肉或像沙蚕、沙蝎、海藻虫和海蟑螂等海虫为饵，都符合海鱼的口味。

5.14 钓鱼要领

在钓鱼时，就算有精致的钓具、上佳的饵料、有利的钓点，但如果不懂得钓鱼的要领，也不会有很大的收获。下面我们来介绍一下钓鱼的要领。

树立信心、恒心

多数初学钓鱼的人没有常性，在撒好窝子后怀疑是否有鱼。时间长一些还没有见漂儿动，就想换个地方钓鱼。看到别处鱼儿总是上钩，信心更加动摇。有人甚至在一个小时内连换两三个位置。其实钓鱼地点一旦确定后，就应有信心和耐心坚持下去，不要轻易挪窝。除非选了"死窝子"，那时才应该移动一下位置。

甩漂的方向和目标要准确

在没有标志的水面进行垂钓时，经常会出现撒好窝子以后，甩几次竿后就找不准撒窝子的位置了。要想做到不丢失目标，就要确定好钓鱼地点，将钓竿支架插好，凳子放在支架后适当的位置，把漂甩在所选地点，钓竿放在支架上，在河的对岸找一个明显的目标，如建筑物、树、电线杆等，使眼、漂与确定的目标三点成一直线，每次按此方向和目标甩漂，就不会丢失窝子的位置了，但要注意，所坐的凳子不能随便地左右移动。

如果选择的水域附近有露出水面的木桩、水草等，便可以此为参照物，目测好距离和相对位置即可。但选择水草作为标志时，要先用钓竿拨一下，看是否是浮草，如果是浮草，它会随风飘动，不宜作为标志。

每次甩漂的范围要小

钓鱼的过程中，要想每次甩漂准确是不大可能的，但应尽量做到范围越小越好，这样鱼儿寻找钓饵更容易一些。按照经验，在一尺直径范围以内为好。如果采用长竿短线的续漂方式，那范围就会小，位置会更准确。

手不离竿，眼不离漂

钓鱼时，很多时候都是等了半天漂儿也未见动静，钓者思想便有些放松，想上个厕所，有时刚走远几步，漂儿送起来了，这时急忙跑回去提竿，鱼儿已经走了，后悔莫及。一些有经验的钓者，在钓鱼时虽然也抽烟、说笑，但他们的眼睛始终盯着浮漂。

创造安静的钓鱼环境

钓鱼时一定要创造一个安静的钓鱼环境，钓者们不宜大声喧哗；走路脚步不宜太重；更不要播放收音机。

除此之外，最好不要穿反光强的衣服钓鱼，也不要背着太阳钓鱼。

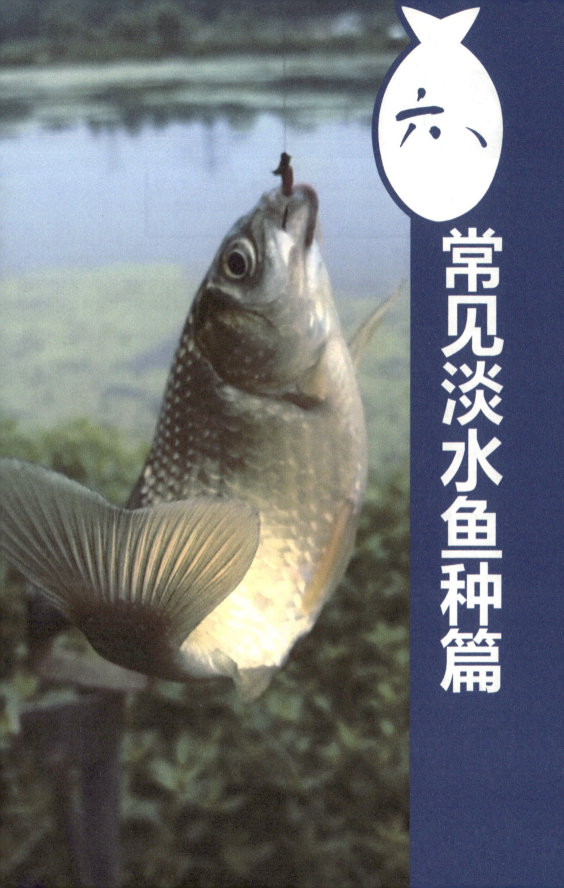

六

常见淡水鱼种篇

6.1 鲫鱼

鲫鱼鱼头与小鲤鱼近似，形体黑胖，肚腹中大，脊隆起。体长为15~20厘米，呈流线型，体高而侧扁，吻钝而无须，鳃耙长，鳃丝细长，下咽齿一行，呈扁片形。

鲫鱼的生活习性

鲫鱼的体态丰满，游动时形态优美，属于生活在淡水底层的杂食性鱼类。多数情况下鲫鱼会在水体的底层游动、栖息和觅食。一旦遇到水体温度升高时，便会移动到水体中下层或是中上层活动、觅食。

成年鲫鱼主要以植物性食料为主，水体中多蕴藏品种繁多、丰富的植物性饲料，所以鲫鱼的采食面较广，尤其是维管束水草的茎、叶和果实都是鲫鱼非常热爱的食物。在长有菱角和莲藕这样高等水生植物的水域中，鲫鱼的采食范围更广。另外，一些状藻类生物，例如硅藻等，也是鲫鱼喜欢的食物。活饵类的如幼螺、蚯蚓、小虾、昆虫等也是鲫鱼爱吃的食物。

鲫鱼喜欢聚集成群。它们有时顺水而行，有时逆水而行，一般会选择在水草丰盈的浅滩，如沟汊、河湾、芦苇丛中觅食、产卵。当水流缓慢或者静止不动的水域中含有丰富的饵料时，鲫鱼会选择在那里栖息。

栖息于湖泊和大型水库的鲫鱼会聚集栖息在水生植物丛生的浅滩。每当冬季到来，大多数的鲫鱼会选择有水草的水域过冬。

栖息在小型河流和池塘里的鲫鱼会遇流而行，无流而止，择食而居。到了冬季，大多鲫鱼会选择潜入水深处越冬。

鲫鱼的分布

鲫鱼分布广泛，全国各地水域常年均有分布。

钓具介绍

钓鲫鱼一般选择普通钓竿。鱼线选择2~4磅较细的尼龙鱼线或是尼龙丝线。钓钩要选小一些的，钩尖要利，钩丝要细。鱼漂要选择纤细、轻巧的类型，具体可按水面大小和个人习惯而定。铅坠尽量选择较轻的类型，使钓钩缓慢下沉即可。

饵料

蓝3鲫：一盒
白砂糖：二两
炒熟的黄豆粉：一斤
混合后用钓点的水搅拌成糊状放入钓点。

钓点

1. 选择鲫鱼栖息地

在浮游生物、昆虫、草屑集中的地方，鲫鱼喜欢停留。鲫鱼也喜欢在水草、乱石和杂物堆砌的场所栖身，例如，池塘进水口的附近、桥墩的后面、河塘边有回流的地方。

2. 选择水温

虽然鲫鱼基本能够适应水体温度的变化，但极冷或极热的水温不适宜鲫鱼活动。在天气炎热时，应选择阴凉、通风处或是水深的水域作为钓点。在天气寒冷时，应选择阳光可以晒透的浅水区、有建筑物遮挡的避风区或是背风的桥头、岸边。在春季垂钓时，选择水浅些的水域作为钓点，最好是在岩石的旁边或是离岸不远有水草的水域。阴雨天垂钓，要在有水草的岸边寻找钓点。

3. 选择溶氧量

在溶氧量充足的水中，鱼儿会感觉舒适，食欲旺盛，因此吞钩的可能性大。在流动的水域中溶氧量较高。

钓法

浮钓法

在夏季，天气闷热，气压较低，水中的溶氧量不足，这时鲫鱼会出现缺氧状态，因而浮至中上层水位。这时便可以选择浮钓法。

浮钓法是指在水体的中上层水位钓鱼，一般用卧钩。同时，增加浮漂浮力，使钓钩漂浮在水体的中层，不能到底。调整浮漂与线上的位置，将鱼钩调整到鲫鱼活动的水层。

一般在浮钓的过程中，浮漂下沉示意鲫鱼咬钩，及时提竿即可得鱼。

跑钓法

跑钓指的是在离岸边 3 米左右的水域打窝，根据窝点的位置来回移动，通过观察浮漂的位置钓鱼。

采用跑钓法一般选用 3 米长的短竿，配上细线、小钓钩和小浮漂作为钓具组合。

在确定水深和池底位置之后，开始打窝。窝点的数量要根据时间的长短来定。例如，垂钓 6 ~ 8 小时，可以打 10 ~ 20 个窝点；垂钓 2 ~ 3 个小时，则可以打 3 ~ 5 个窝点。打窝完成后，要在每个窝点上做记号，便于识别。

投竿串钓法

投竿串钓法需要准备硬调长手竿 2 ~ 4 把，拴好鱼饵后，将鱼饵甩至 30 ~ 40 米以外较远的水域，架好鱼竿，收紧鱼线和鱼铃等待鲫鱼上钩。

一般在夏季和冬季，鲫鱼可能会栖身在深水区域，在这种情况下就应该选择投竿串钓法进行垂钓了。

河道深流处钓法

河道深流处钓法是指用 5 米左右的钓竿，4 ~ 4.5 米长的鱼线，配合较大的钓钩和浮漂，不用打窝，在河道中心处垂钓的一种方法。

将饵料拴好后，投竿将钓钩抛到鲫鱼活动聚集的河道中部，发现吞钩后立即起钩。

在河道中这种方法十分有效，经常可以收获体型较大的鲫鱼。

注意事项

垂钩时要注意，要让钓钩慢慢下坠，不宜动作过猛，使水面发出声响，这样会把鱼儿吓跑。当饵钩快要达到水底时，垂钓者要略微抖动一下鱼竿，从而引诱鱼儿前来摄食。

提竿时要注意，提竿的动作要略轻一点。原因在于，鲫鱼的鱼唇较薄、较嫩，因此提竿动作用力过猛会使鱼唇撕裂，造成脱钩。

鲤鱼 6.2

> 鲤鱼，又名鲤拐子、毛子。身扁而腹圆，口似马蹄状，两对须。背鳍较长，背鳍和臀鳍上均长有一根带有锯齿的粗壮硬棘。有些鲤鱼的体侧为金黄色，尾鳍下叶为橙红色。

鲤鱼的生活习性

鲤鱼习惯于栖息在水层的底部，属于杂食性鱼类，荤素兼食。鲤鱼的吻骨发达，因此经常拱泥觅食。鲤鱼属于不恒温动物，体温会随水温的变化而发生改变，因而鲤鱼的摄食量不大，也不用靠消耗能量来维持平稳的体温。

鲤鱼与很多淡水鱼一样属于无胃鱼类，而且肠道细短，新陈代谢较快，因此摄食习性属于少食多餐的状态。鲤鱼的消化功能与水体变化的关系密切，因此其摄食的季节性很强。

到了寒冷的冬季，鲤鱼基本上处于半休眠的停食状态，体内的脂肪基本在一个冬天的时间内消耗掉。当春季到来时，鲤鱼开始充分摄取高蛋白食物，从而补充自身的能量需要。到深秋时节，鲤鱼为了积蓄脂肪过冬而摄取足够多的食物，主要以摄取高蛋白食物为主。故初春和深秋时节垂钓鲤鱼，要以蚯蚓、河虾等富含蛋白质的饵料为主。

春末夏初时分，天气逐渐变暖，气温和水温逐渐升高，鲤鱼的摄食量会明显变大，故在这个时节鱼饵的质量并不重要，重要的是数量。在春季以及夏季和初秋这个漫长的时间段里，鲤鱼摄取的食物大多以素食为主。在这段时间内进行垂钓，可以使用面饵或糟食。

鲤鱼虽然属于底栖性鱼类，但这并不代表它们的栖息位置是一成不变的。气温变化、水温降低或是升高以及气流的变化和气压高低等都是使得鲤鱼活动区域改变的重要因素。有时候这些因素会造成它们进行大规模的位置移动。在较大水域，这种迁移的迹象被人们称为"洄游"。

鲤鱼的分布

鲤鱼原产亚洲，后引进欧洲、北美以及其他地区。

钓具介绍

钓鲤鱼一般选择 5 米长的手竿，鱼线选择 3~5 号的透明线，钓钩要选钩型较大、钩门较宽、钩尖锋利的鱼钩。例如，4~5 号的丸袖、6~10 号的伊势尼或是 15~17 型的日本倒刺鱼钩等都是不错的选择。

饵料

1 新鲜优质的玉米粉：1000 克
白糖：100 克
优质蜂蜜：100 ~ 150 克
混合后用钓点的水搅拌均匀。

2 酵鲤：6/10 份
鱼塘料：2/10 份
蚕蛹油：1/10 份
诱饵：1/10 份
混合后用钓点的水搅拌均匀。

钓点

1. 选择聚集地

出水口的正前方或者出水口的两侧，水流缓慢的地方是钓鲤鱼的好钓点。原因有三，第一，鲤鱼喜缓流；第二，鲤鱼喜弱光；第三，进水带来的食物会在交界处沉淀落底，易于寻找。

2. 选择水温

10 度 ~ 25 度的水温是最适合鲤鱼生活的水温。当温度低于 5 度时，鲤鱼将停止摄食，温度低于 2 度时，将进入冬眠。当温度高于 30 度时，鲤鱼便会移动到较深的水域或是阴凉处。鲤鱼对低温的耐受力比鲫鱼差，但却胜过鲢鳙和草鱼。鲤鱼的繁殖力较强，适应的水体也十分广泛。

3. 选择溶氧量

选择溶氧量高的下风口水域。上风口水域的溶氧量较下风口水域要稀薄一些。由于鲤鱼趋氧的特性会促使它们往下风口处游，因此选择下风口水域作为钓点比较合适。

钓法

手竿钓法

鲤鱼的体型较大，应使用5.4米以上的钓鲤专用竿，钓竿不能太硬也不能太软。鲤鱼挣扎力不是很大，鱼线可用3.5号碳氟主线或是2.5号高强度竞技子线。鱼钩不宜过大，使用6、7号的伊势尼钩即可。应选择大浮漂，大型浮漂配坠重稳定性强。

鱼上钩后，要根据鱼游动方向用巧劲控制鱼竿，及时领鱼离窝。如果鱼的体型较大，鱼竿提不起来，应当迅速向左或向右倾斜鱼竿，使钓竿绷紧。轻轻抖动钓竿，使体型较大的鱼儿自动离底。倘若鱼儿向深水区逃窜，断不能提竿遛鱼。这样做会致使鱼儿奋力挣扎反抗，导致断线折竿。正确的遛鱼方法应该是，当体型较大的鱼儿上钩时，垂钓者及时向左、右倒竿，抖动钓竿，利用钓竿的弹性，使鱼儿向左、右游动，从而达到遛鱼的目的。

投竿钓法

投竿钓法相对简单，即用糟粮做钓饵。这个方法可以不费力气地将鲤鱼钓起，重点在于要投饵的时机。一般来说对于体型小的鲤鱼，选择蚯蚓饵比较合适；而针对体型较大的鲤鱼选择粮食饵比较合适。

在垂钓者集中的水域，鲤鱼会对鱼饵和鱼线形成一定的识别能力。此时，鲤鱼会试探鱼饵和鱼线，但就是不上钩。遇到这种情况有两种解决方法：第一，换饵调钓，也就是平时常说的大钩换小钩，大饵换小饵，在换小饵的同时也可改变饵料的用料；第二，换鱼线，平时用来钓鲤鱼的尼龙线虽然是透明无色的，但是线体较细，不适合选用。

蚯蚓钓法

用蚯蚓鱼饵垂钓鲤鱼，不管在什么季节、什么水域都很适合。在上饵前最好用动物血将蚯蚓浸泡一下，目的在于增加色泽和腥味以吸引鲤鱼的注意。

用蚯蚓钓鲤鱼还可以选择蘸饵的方法。事先准备好一个盛水的小瓶子和一个盛粉饵的小盒子。粉饵可以用炒香的麦麸掺加少量的麝香米粉制成。上饵后，将钩尖封死，先蘸水，再沾粉饵，使粉饵包裹在蚯蚓表面形成饵团。入水后粉末会散开吸引鲤鱼，从而起到打窝的作用。

注意事项

鲤鱼的体型较大，因此上钩后会用到抄网。当鲤鱼抄入网后应该将抄网向后拉动，不要用蛮力，避免造成抄网柄折断。

6.3 草鱼

草鱼，又名草根鱼、白鲩、厚鱼。体呈圆筒状，头较平扁，尾侧扁。口呈弧状，无须，腹部无棱。上颌比下颌略长。身体为浅茶黄色，其背部为青灰色，腹部为灰白色，胸部和腹鳍部呈灰黄色，其他各鳍呈浅灰色。

草鱼的生活习性

草鱼喜欢栖身在湖泊、江河等水域的中下层以及近岸多水草的区域。在江河湖泊中具有洄游的习性，成年草鱼个体会在江河或是水库等水流中产卵。摄食育肥通常会选择在泛水区域或是干支流附属水体以及被水淹没的浅滩草地。到了冬季，草鱼会迁移到干流或是湖泊的深水区过冬。大多数草鱼性情活泼，行动敏捷，喜欢聚集成群，集体觅食，属于草食性鱼类，习性贪婪多食。草鱼的鱼苗阶段会进食水中的浮游动物；到了幼鱼期兼食藻类和浮萍、昆虫、蚯蚓等；当草鱼的体长到 10 厘米以上时，便会摄食以禾本科植物为主的高等水生植物。

草鱼由于食性简单，因此饵料的来源应对较为广泛，食量大，生长迅速，繁殖率高。常被人们作为池塘、湖泊、水库以及河道的主要养殖鱼种。

草鱼因为可以清除水中和沿岸的水草和杂草，还被部分地区的渔民用于开荒除草，也因此而有个"拓荒者"的美誉。

饲养者经常把草鱼和鲢鳙饲养到一起。投放青草来饲养草鱼，待草鱼未食而遗留在水中的饲料以及草鱼的排泄物发酵分解，为细菌繁殖提供必要条件，后由此来培养浮游生物，最后理所应当地将细菌和浮游生物作为鲢鳙的喂养饲料。

草鱼的分布

草鱼广泛分布于我国除新疆和青藏高原以外的平原地区，目前已移植至亚、欧、美、非各洲的许多国家。

钓具介绍

1. 高密度养殖水域垂钓

在这种水域钓草鱼时，一般选择用 4~5 米长的硬调竿；主线选择 2~2.5 号，子线选择 1~1.5 号；钓钩选择 5~6 号的关东袖钩。

2. 自然水域垂钓

在这种水域钓草鱼时，一般选择用 4~5 米长的超硬调竿居多；主线选择 2.5~3 号，子线选择 1.5~2.5 号；钓钩选择 6~7 号的关东袖钩；浮漂选择大号湖钓用漂。

饵料

1 玉米渣：2/5 份
　玉米粒：1/5 份
　粮食酒糟：1/5 份
　玉米面：1/10 份
　麦麸：1/10 份

配置方法：将玉米渣和麦粒放进锅里煮熟。将玉米面和麦麸倒进锅里，将它们搅拌在一起，搅拌均匀后加入适量的水蒸 20 分钟左右。将上述 4 种饵料放在一起搅拌均匀，装入塑料袋中密封。在位于袋口的部分洒上粮食酒糟，放置 2 ~ 3 天便可以使用。做钓饵时掺入适量的粮食酒糟即可。

2 玉米面、菜籽饼、豆粕、麸皮、白糖、蚕蛹、米酒、香料。
　　配置方法：将上述材料倒入准备好的容器后，再将其密封进行发酵，大约发酵 30 天后取出。使用前倒入白糖、米酒和香料。

3 嫩玉米粒：1/5 份
　麦麸：3/10 份
　丁香酒米：3/10 份
　碎青菜叶：1/10 份
　面粉：1/10 份

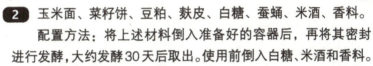

配置方法：将上述材料混合搅拌均匀，到达钓点后，加入钓点的水将饵料拌成团状即可。

4 麦麸：2/5 份
　麦片：3/10 份
　碎大米：1/10 份
　玉米片：1/10 份
　碎香椿叶：1/10 份

配置方法：把麦麸、碎大米和麦片 3 种材料用开水泡一下，起到全部浸湿的效果即可。将水倒掉后，在料中喷入少量的酒糟，将料装入密封效果较好的塑料袋里，确认绑紧袋口后，密封发酵 2 ~ 3 天。打开密封袋后，若闻到饵料带有酸味便可使用。

钓点

1. 选择聚集地

草鱼喜欢摄食水池边的树叶、果实，还有不慎掉进水中的昆虫。在炎热的夏季，草鱼偏爱在水体的中上层游弋，垂钓者站在高岸处，居高临下即可看到。综上所述，垂钓者可以轻松地判断水中有无草鱼，以寻找合适的钓点。

2. 选择水温

在垂钓水域中，根据太阳照射的方向和水体深浅的不同，水温便会有所不同。草鱼最适宜的水温为 25 度 ~ 30 度，最佳摄食温度为 20 度 ~ 28 度，当水温低于 20 度时摄食量降低，低于 5 度时停食。满足垂钓草鱼最适宜水温的时间应该是春末夏初、夏末秋初这两个时间段。找到温度最接近草鱼生存适宜水温的水层下钩，可有大量收获。

3. 选择溶氧量

在同一个水域进行垂钓，水体中溶氧量的多少也是不平均的，垂钓者应找到溶氧充足的水域作为钓点下钩。如下风口水域。上风口水域的溶氧量较下风口水域要稀薄一些，由于草鱼趋氧的特性会促使它们往下风口处游，因此选择下风口水域作为钓点比较合适。

钓法

沉底草打窝钓法

在垂钓者聚集的鱼塘钓草鱼时，由于垂钓者动作大，草鱼容易受惊躲到池底。这时我们就可以用带泥的水草或是绑上泥和石头的水草沉到水底吸引鱼群，这便是沉底草打窝钓法，一般情况下可以打 2~3 个窝。当发现窝点处出现气泡时，便可将草饵钩沉到窝点周围，等待鱼儿上钩。

要注意的是，鱼上钩后，要立即将鱼儿带出窝点，避免惊扰到窝点内的鱼群。另外，在同一个窝点钓 1~2 条鱼就要更换窝点，这样会增加收益。

浮钓钓法

　　浮钓法适合在水草较多的水域进行。在夏季的三伏天和初秋时节，天气闷热，气压较低，水中的溶氧量不足时，草鱼会出现缺氧状态，所以会浮至中上层水位。这时便可以选择浮钓法。

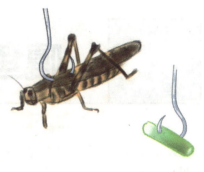

　　选择大一点的鱼钩和浮力较大的浮漂，钓饵可选择用昆虫和芦苇芯。上好饵后，先确定钓钩的位置，使钓钩在水体上层停留，吸引鱼群。

长竿长线沉底钓法

　　长竿长线沉底钓法主要用于钓体型较大的草鱼。在水体中鱼群较密集的情况下，主要靠钓饵诱钓。用 6～7 米的矶钓竿或手竿，配置收放线灵活的齿轮，绕上百米长线，用主线直接绑大钩。钩尾到铅坠脑线长为 8～12 厘米，铅坠要较重的那种，远抛还可加重。诱饵要用大饵，这样利于沉底。

注意事项

　　草鱼吞食时浮漂的反应是先上冒后下沉，因此在浮漂上冒或是下沉时不能犹豫，要及时提竿。

　　另外，在提竿时，应先用手腕的力量将鱼钩住，然后根据草鱼的游动趋势开始用巧劲遛鱼。草鱼的耐力很好，因此遛鱼时要有足够的耐心。等到接近河岸，草鱼翻白无力时再用抄网将其抄起。

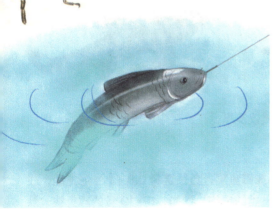

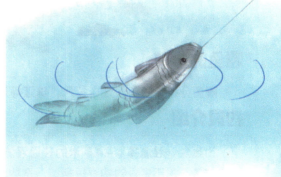

6.4 嘎鱼

嘎鱼腹部较平，身体的后半部微侧扁，头部较大，形状扁平。吻圆钝，眼部位于侧位，形较小，两眼间隔稍稍向上隆起。头部长有 4 对须，鼻须长达眼后。体背为黑褐色，体侧为黄色，带有深色花纹，腹部为淡黄色，鳍为灰黑色。

嘎鱼的生活习性

嘎鱼属于一种以摄食肉食为主，以摄食素食为辅的杂食性鱼类。嘎鱼的觅食活动一般都选择在夜间进行，摄食对象主要包括一些小虾、小鱼以及各种陆、水生昆虫，小型软体动物和其他水生无脊椎动物等。嘎鱼的食性根据环境或是季节的变化而改变。比如在春天和夏天这样的季节，嘎鱼会经常吞食各种鱼类的鱼卵。每当到了寒冷的冬季，鱼卵经过春夏都变成了小鱼，这时嘎鱼的主要摄食对象就变成了小鱼。体型大小不同的嘎鱼摄食的对象也有所不同，通常体长 2 ~ 4 厘米的嘎鱼，主要会摄食一些桡足类和枝角类的食物；体长 5 ~ 8 厘米的嘎鱼，主要会摄食一些浮游生物或是陆、水生昆虫；8 厘米以上的嘎鱼，主要会摄食一些软体动物和小型鱼类等。

成年嘎鱼一般会选择在江河缓流或是静水的环境中生活。通常它们白天会栖息在水体的底层，到了夜间会游到水体的上层进行摄食。幼鱼则大多会在江湖的沿岸觅食。另外，嘎鱼适应环境变化的能力较强，因此即使在不良环境条件下也能生活。

适合嘎鱼生存的温度为 0 度 ~ 38 度，最佳生长温度 25 度 ~ 28 度，属于温水性鱼类。能够适应的水体酸碱度 pH 值范围为 6.0 ~ 9.0，最适合的 pH 值范围为 7.0 ~ 8.4。嘎鱼的耐低氧能力不是很好，它们对于水中溶氧量的要求较高，当水中的含氧标准低于 1mg/L 时，嘎鱼便会出现窒息死亡的现象。

嘎鱼的分布

嘎鱼分布在我国长江、黄河、珠江等流域以及黑龙江、辽宁等地区。

钓具介绍

钓嘎鱼一般选择 4~4.5 米的普通溪流竿或鲫鱼竿；鱼线选择 0.8~1 号尼龙线，线长应与竿长差不多；钓钩要短柄型、宽钩门一类的鱼钩，例如，8~10 号的鲤鱼钩；漂和坠的比例为 1:1，这样漂儿的反应比较灵敏。

饵料

1. 荤饵

荤饵即用蚯蚓、小虾等动物性饵料制作成的钓饵。通常用小虾做钓饵以前，应该先将小虾的头部掐去。上饵时，应从小虾的尾部入钩。对于体型较大的钓饵，要切断后再进行装钩。另外，垂钓者也可以选择蝼蛄、红虫和白蛆虫等作为荤饵。在众多的荤饵当中，黑蚯蚓的腥味较大，因此用黑蚯蚓作为钓饵垂钓的效果极好。

2. 素饵

素饵可选择小饭团、年糕或是馒头等制作饵料。

钓点

1. 选择聚集地

钓嘎鱼要选择江河和溪涧这种活水流动或是选择近岸的缓水区域和有回水出现的水域为钓点。除此之外，水库堤坝和水流速度缓慢的进水口附近，还有河边水草茂盛的地方，都是垂钓嘎鱼的绝佳钓点。

2. 按习性选择

嘎鱼喜夜间活动，比较怕强光，因此白天垂钓嘎鱼时，垂钓者应该选择光线较弱或是比较隐蔽的地方作为钓点。到了初春和秋末时节，水体温度降低，此时垂钓者可以选择在湖泊的深水区或是水库的边缘水域作为钓点。在夏季和初秋这样的季节，水体温度升高，钓点应该选在小溪、小河边的浅滩附近或是池塘边缘等浅水区垂钓。综上所述，垂钓嘎鱼的钓点应该选择在水边有树或水草等遮挡的避光处。除此之外，底部淤泥沉积较厚的水域和水底地形结构复杂，带有乱石的水域，都是比较适合垂钓嘎鱼的钓点。

钓法

手竿底钩钓法

夏天钓嘎鱼最为合适。因嘎鱼怕光喜夜间摄食，故钓这种鱼以晚上效果最好，而夏天夜间的环境正好适合垂钓。

用手竿底钩钓法钓嘎鱼是指在竿尖部分系上一根和钓竿等长或是略长于钓竿的钓线，钓线的一端系上饵钩和钓饵，安装上相应的铅坠和浮标。施钓之前，首先应该根据钓点的水位来确定浮标的位置。抛竿将饵钩抛入水中，待饵钩下沉落入水底后，浮标便会呈现直立状态。钓前记得要先打窝，之后抛竿施钓，将钓饵投入钓点。

如果在没有水草以及障碍物的水域垂钓，垂钓者可以选择使用双钩，这样的方法可以大大提升咬钩率。在饵料的选择上，可以一个钩上素饵，一个钩上荤饵。嘎鱼摄食时浮漂的反应是上下抖动，但不用担心，食物对于它们的吸引力相当大，它们是不会轻易放弃的。这时垂钓者应当耐心等待浮标传递咬钩信息。嘎鱼将饵钩吞入口中后，一般不会轻易吐出，垂钓者应当等待其将饵钩完全吞入后，再起钩提竿。

海竿串钩钓法

多年未抽干捕捞过的水塘是嘎鱼的聚集地，而且有不少 200 ～ 400 克的大嘎鱼。如果水塘较大的话，用海竿串钩法垂钓效果比较好。海竿要选择轻便的钓竿，渔轮选择小型绕线轮，铅坠重 30 ～ 40 克，钓饵要选择整条个体较大的红蚯蚓或是分段的大绿蚯蚓。甩饵钩入水后应绷紧钓线，挂上小铃，然后就可等候嘎鱼咬钩了。嘎鱼贪吃，嘴又大，咬钩很猛，一旦咬钩很难脱钩，听到铃响提竿，即可得鱼。

注意事项

嘎鱼的背鳍和两侧的胸鳍就像三支利箭一般，硬棘与外皮包膜有毒腺，若被刺伤，会有剧烈的灼痛感。因此在摘钩时一定要足够小心。尽量将嘎鱼的身体固定，最好戴上防护手套，使用脱钩器进行摘钩，以避免不必要的伤害。

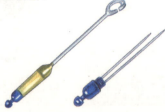

罗非鱼 6.5

罗非鱼的背鳍边缘为黑色，尾鳍上长有垂直状的黑色条纹。喉、胸部为白色。体侧长有810条横向带纹。尾柄背缘部长有黑斑。

罗非鱼的生活习性

罗非鱼属于杂食性鱼类的一种，主要以植物性食物为主。通常情况下，在池塘里生存的罗非鱼，主要摄食一些有机碎屑和一些植物性的饲料，如商品饲料和水草等。其次罗非鱼会摄食一些浮游植物、动物和少量底栖动物。

罗非鱼耐低溶氧量的能量很强，当水中的溶氧量低于 0.07 ~ 0.23 毫克 / 升时，罗非鱼才会出现窒息现象。当水中的溶氧量低于 1.6 毫克 / 升时，罗非鱼仍然可以在这样的水中生活并繁育后代。当水中的溶氧量达到 3 毫克 / 升以上时，其生长不会受到环境影响。

罗非鱼抗低温的能力不强，一般活动在 15 度 ~ 35 度的水域中，最适合生长的温度为 28 度 ~ 32 度，其繁殖的温度在 20 度以上。

罗非鱼生长期较短，成熟早，一般来说 6 个月便可成熟。重量在 200 克左右的雌鱼，怀卵量基本为 1000 ~ 1500 粒。雌鱼的产卵周期较短，通过口腔孵育幼鱼。

罗非鱼的分布

罗非鱼多产于温热带地区，在广东，广西和沿海一带有少量分布。

钓具介绍

钓罗非鱼一般选择用罗非竿；鱼线选择 2 ~ 6 号的尼龙线；钓钩可选 0.5 ~ 2 号的新关东、6 ~ 10 号的袖钩等。

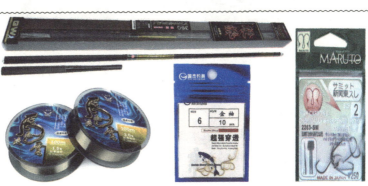

153

饵料

1 喂养饲料：若干
蠢鲤：1 ~ 2 瓶盖
福寿大将军：2 ~ 3 瓶盖
膨化玉米粉：若干
混合后，拌匀即可。

2 南北福寿鱼料：3/5 份
高纯虾粉：1/5 份
福寿大将军：半瓶盖
虾精：3 ~ 10 滴
虾油：3 ~ 10 滴
混合后，拌匀即可。

钓点

1. 选择水温

罗非鱼在温度适宜的水体中摄食性会比较强烈。罗非鱼的耐低温能力较差，每当水温抵达12度以下时，便开始出现停止摄食的现象。当水温低至10度以下时，罗非鱼会渐渐窒息死亡。因此钓点应该选择在水温达到15度以上的水域。一天里，气温会从早上开始逐渐升高，罗非鱼便会随着气温的变化而从深水处移动到浅水处。中午过后，气温慢慢降低，罗非鱼又会从浅水区移动回深水区。因此，早晚垂钓，要选择水位较高的深水区作为钓点，中午前后则应当选择浅水区作钓点。一般来说，垂钓罗非鱼的理想钓点是水温适宜的向阳处，或是上风口水域。

2. 选择近岸点

罗非鱼的生性较为活泼、胆大，一般不会轻易受到人类的惊吓，它们总是喜欢在接近岸边的地方活动觅食。因此垂钓者应该根据罗非鱼的这一习性，将钓点选择在离岸边3.5米以上的水域。

3. 选择食物聚集点

通常来说食物来源丰富的水域便是鱼儿成群聚集觅食的地方，所以养殖水域的投料点可以称得上是最佳钓点了。除此之外，在人类生活地，经常洗菜、淘米和刷锅的水域，还有就是养殖动物禽类的畜所临近水域，都有生活废水流入，而生活废水中富有充足的食物来源。因此，垂钓者选择这种地方作为钓点也是十分明智的。

钓法

1. 底钓法与浮钓法

罗非鱼的主要活动大多是在水底进行的，因此垂钓者应该选择底钓的钓法。在水温升高的中午，垂钓者应该选择浮钓的方法，因为水温升高时罗非鱼会转移至水体的中上层活动。

除此之外，水体温度的变化还要受到光照、树木遮挡等因素的影响。因此，只是用时间推测钓法是不准确的。比较有效的方法是尝试钓法，首先选择钓底，倘若无鱼上钩或是上钩速度太慢，就可以考虑浮钓法。

2. 点窝钓法

点窝钓法也称伏窝钓法，是垂钓罗非鱼常见的一种钓法。这种钓法一般是在罗非鱼繁殖时期使用的。在繁殖的准备期，雄鱼会给雌鱼在水底建立一个圆形的坑，雄鱼将多余的泥土堆积在坑的四周，坑的大小并不相同，大的大概在 70～80 厘米，小的大概在 40～50 厘米，坑的大小根据鱼的体型大小来定，坑的进深 20～30 厘米，当雄鱼将水底的坑建好后，它们就可以在窝中孕育后代了，雌鱼会将鱼卵含入口中进行孵化，大约半个月后幼鱼便可孵化成型。

点窝钓法属于一种根据目标，巡踪下钩的钓法。先尝试下竿估测水深的变化，用此种方法寻找鱼坑所在。倘若发现其中一处水位深过四周水位时，应该就是找到鱼坑的位置了。确定鱼坑位置后，上饵，将饵钩投入鱼坑中，一般情况下钩饵入坑便会有鱼吞钩。要注意的是在一个坑里钓到鱼后，垂钓者应该适当转移目标，继续寻找其他的鱼坑。因为罗非鱼的繁育能力较强，通常在一年内至少要繁殖 3～5 次，多时可达 7～8 次，因此用点窝钓法钓罗非是一种绝佳的垂钓方法。

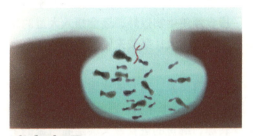 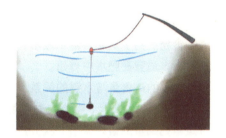

注意事项

大家都知道罗非鱼刺少，因为它的刺全长在身体外边。罗非鱼背、臀鳍都是特别尖锐的硬刺，抓它时不小心手就会被扎出血。用手抓罗非鱼时，要抓它的前胸无刺部位，最好戴上渔具手套进行防护，以防罗非鱼硬鳍扎手。

另外，罗非鱼嘴中有牙，如吞钩较深，断不可将手伸至鱼口中摘钩，一定要用摘钩器退钩。

6.6 鳙鱼

鳙鱼又名花鲢、大头鱼、黑鲢、胖头鱼、包头鱼、麻鲢，有的地方也叫它雄鱼。它的外形像鲢鱼，体侧扁平。头部大且宽，头部长度大概是体长的1/3。吻部宽大，微微上翘，眼位较低。

鳙鱼的生活习性

鳙鱼属于水体中上层鱼类。在一年中的春、夏、秋三个季节，基本上都在水体中上层活动觅食。到了冬季水体温度下降，鳙鱼则会转移到水体下层越冬。

鳙鱼明显属于滤食性鱼类，浮游动物是它们主要的食物来源。鳙鱼十分喜爱摄食草鱼的粪便和被人工投放入河中的牛粪、鸡粪，另外，也食用豆渣粉、麸皮、豆浆和米糠等，最喜爱的还是人工饲料。鳙鱼对糟食和酸味食物十分感兴趣。鳙鱼的摄食对象随着季节的变化而改变。例如，春秋时节，鳙鱼除了摄食浮游生物以外，还会摄入大量的腐屑类食物。到了夏季自然水域水位降低，鳙鱼的进食量增大；冬季来临，越冬的鳙鱼食量变小，适宜在肥水中养殖。

鳙鱼的进食量与水温的关系十分密切。鳙鱼比较喜高温，适宜的水温为23度~32度。到了酷热的夏天，鳙鱼的进食量会随着气温的升高而逐渐增大。因此，北方的7~8月是垂钓鳙鱼的最好季节。秋分过后，天气渐渐转凉，鳙鱼的进食量又会随着气温的下降而逐渐减少，此时垂钓鳙鱼便不会有好的成果。

鳙鱼生性活泼好动，跳跃性极好，因此有逆流而上的习惯。鳙鱼喜欢浮游生物和有机物充足的肥水水域，体型大小近似的鳙鱼会聚集在水体中上层，尤其是在水质较肥的水域。

鳙鱼耐低氧性很差，当水体中的溶氧量降低时，鳙鱼会马上浮头，个别鳙鱼很快会窒息死亡。

鳙鱼的分布

分布水域范围很广，在我国从南方到北方，淡水流域几乎都有。

钓具介绍

1. 常规钓法

钓鳙鱼一般选择 5.4 米以上的手竿；可选择 2 号大力码鱼线作为主线，选择 1 或 1.5 号大力码鱼线作为子线；可选择 9 ~ 10 号的伊势尼鱼钩。

2. 台钓法

钓鳙鱼多选择 3.6 米或 4.5 米的台钓竿；可选择 1.5 ~ 3 号鱼线作为主线，选择 1.2 ~ 2.5 号鱼线作为子线；可选择用 9 ~ 10 号的伊势尼鱼钩。

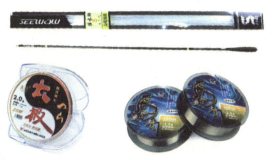 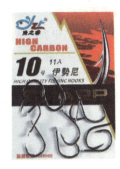

饵料

1 玉米粉：4/5 份

　　面粉：1/5 份

　　配置方法：将玉米粉和面粉放置容器中搅拌均匀，上锅蒸熟。晾凉后，用手将其揉搓成粉渣状。将其倒入塑料袋中，将袋中空气挤出，用绳子系紧袋口，将饵料密封发酵。将密封袋放置在烈日下曝晒 3 ~ 5 天，饵料便会变为馊食。曝晒 7 天以上饵料便会变为臭食。

2 细玉米粉：3/4 份

　　面粉：1/10 份

　　麸子：1/10 份

　　红糖：1/20 份

　　配置方法：将上述材料按照比例全部倒入容器中，加入少许糖精和水搅拌均匀。上锅蒸熟、发酵，待其变为甜臭食即可。

③ 马铃薯粉：500 克

玉米粉：200 克

甜米酒：适量

配置方法：将上述材料一起放入容器中，加入适量凉白开搅拌均匀。接着，装入塑料袋中密封发酵，半个月后即可使用。

④ 豆饼粉：500 克

麸皮：300 克

甜酒：100 克

配置方法：将上述材料一起放入容器中，加入适量开水搅拌均匀，装入塑料袋中密封发酵，半个月后开袋，闻到浓郁酸香味时，便可使用。

钓点

1. 选择活动地点

鳙鱼常在水的中上层活动，因此钓点宜选在水位较浅的水域。因为在浅水区，当钓钩和钓饵入水时，鳙鱼容易闻到钓饵的气味而迅速去摄食。如果鳙鱼处于 4 米深的水体中活动觅食，那么垂钓者则应该选择水深 1 米左右的岸边作为钓点，尽量让鱼儿活动觅食的地方离钓饵的距离近一些，使鱼儿能够更快地发现饵钩，增加上钩的速度。

2. 选择食物聚集地

鳙鱼喜食动物的粪便。例如，生活在同一个池塘中草鱼的粪便或是鸡、牛、羊、鸭的粪便，都是鳙鱼喜爱的食物。鳙鱼尤其喜欢腥臭味的食物，一些散发着动物腥臭味的水域，它都喜欢接近。因此，在动物畜所或是散发腥臭味的水域，都是比较适合垂钓鳙鱼的钓点。

3. 选择溶氧量

鳙鱼的耐缺氧性极差，当水中溶氧量不足时，鳙鱼便会浮出水面吸氧。因此，池塘和湖泊的进水口和上风口由于溶氧量较高，便成为了鳙鱼集中的水域。垂钓者应该选择这样的水域作为钓点。

钓法

定点浮钓法

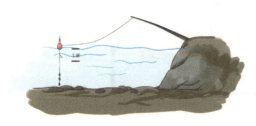

定点浮钓法适合在水库和湖泊等较深的水域垂钓体型较大的鳙鱼。运用这种方法垂钓鳙鱼，应该选择长度 4 米以上的钓竿，较重的通心铅坠和可以承受 10 克重量的浮标。准备就绪后，甩竿将饵钩投入水中，通心铅坠下沉至水底，起到固定位置的作用，钓钩保持悬浮状态，悬浮于水体上层。

这种钓法适用于竿组垂钓，由于下沉的铅坠将位置固定，因此会大大降低或是避免搭线情况的出现，设置 5~6 副投竿是基本没有问题的。

流动浮钓法比较适合在无风、水面平静的天气条件下在深水区垂钓体型偏大的鳙鱼。选择的鱼漂要浮力较大的，铅坠则要选择重量较轻的铅坠。致使饵钩处于鱼漂和铅坠以下，使钓钩和铅坠悬浮于水体中上层。将鱼竿和钓线准备好后，选择酸臭饵制成飞钩饵团。将饵钩固定后，用投竿法将饵钩投入前方 30~40 米远的钓点处，等待鱼儿咬钩。

流动浮钓法

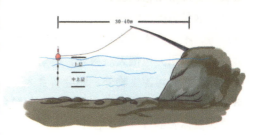

注意事项

钓鳙鱼的适宜水温为 22 度 ~32 度，一般选晴天中午以后的 14 时到 16 时为钓鳙鱼最佳时段。垂钓时要选则风力较小的天气，忌闷热天气出钓。

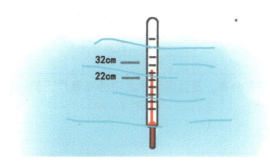

6.7 鲢鱼

鲢鱼又称水鲢、白鲢。体侧扁、稍高，似纺锤形，背部呈青灰色，身体两侧及腹部呈灰白色。胸鳍不超过腹鳍根部，鲢鱼鳍为灰白色。头部体积较大，眼位低。通身鳞片较为细小。

鲢鱼的生活习性

鲢鱼属于中上层鱼类。一年的春、夏、秋三个季节，大部分时间都在水体中上层活动觅食。到了冬季便会转移到深水区越冬。鲢鱼属于滤食性鱼类，它们靠腮部的特有结构来过滤水体中的浮游物质。鲢鱼的摄食对象以浮游生物为主，鲢鱼在鱼苗阶段，主要摄食一些浮游动物；当鲢鱼身长达到 1.5 厘米以上时，会逐渐转为摄食一些浮游植物。同时，这种鱼类也比较喜爱吞食草鱼以及其他牲畜粪便，也经常摄食豆浆和豆渣粉以及麸皮等，不过鲢鱼最喜欢的还是人工饲料。鲢鱼和鳙鱼一样对酸味食物十分感兴趣，糟食对其的吸引力也很大。另外，鲢鱼的摄食会随着季节的变化而发生变化。春秋两季，鲢鱼除了吞食浮游生物外，还会吞食大量的腐屑类食物。到了夏季自然水域水位降低，鲢鱼的进食量增大。冬季来临，越冬的鲢鱼食量变小，适宜在肥水中养殖。鲢鱼的肠道长度是其体长的 6 ~ 10 倍。

鲢鱼的进食量与水温的关系十分密切。鲢鱼比较喜高温，适宜的水温为 23 度 ~ 32 度。到了酷热的夏天，鲢鱼的进食量会随着气温的升高而逐渐增大。因此，北方的七八月是垂钓鲢鱼的最好季节。秋分过后，天气渐渐转凉，鲢鱼的进食量又会随着气温的下降和逐渐减少，此时垂钓鲢鱼便不会有好的成果。

鲢鱼和鳙鱼的天性不同，胆子较小，容易受惊。当鲢鱼受惊或是碰到鱼网线时，会急于跳出水面，试图越网逃脱。

鲢鱼的分布

鲢鱼分布范围广泛，在我国各地区均有分布，是我国淡水鱼中分布最广泛的一种鱼类。

钓具介绍

钓鲢鱼一般选用 3.6 米或 4.5 米的三七调竿；可选择 1.2 号的鱼线作为主线，选择 0.8 号的鱼线作为子线；选择 1 号新关东钩。

饵料

1 鲜玉米面：1/5 份

麦麸或豆饼：3/10 份

红糖：1/5 份

配置方法：将上述材料一起放进容器中，用凉水和成面团，上锅蒸成硬窝头后发酵即可。

2 玉米面：7/10 份

白面：3/10 份

配置方法：将玉米面和白面倒入容器中搅拌均匀，接着用开水烫面，捏成窝头的形状上笼蒸至八分熟。将窝头取出晾凉后，用手将其揉碎，之后在上面喷上酒，将其装入容器中密封，等到来年初春后，便可调制使用了。

钓点

1. 选择风向

到达钓点附近之后要先观察一下风向，垂钓鲢鱼应该选择顺风或是偏风的水域作为钓点，最好不要在顶风的水域垂钓。根据岸边的地势，可选择上风口等水面长有茂盛藻类的水域，也可以选择水面的通风处、交界处或是陡岸的深水处作为钓点。

2. 选择水温

鲢鱼比较适宜较高的水温，耐低温性较差。所以，垂钓鲢鱼主要应选择在晚春、夏季或是初秋这些温度较高的季节。在酷热的夏季和烈日炎炎的初秋季节，最好也要选择晴天去垂钓。一天中最好的垂钓鲢鱼的时段是早 10 点到晚 18 点。

钓法

浮钓法

浮钓法就是在水面以下50厘米左右的水域进行垂钓。若选择手竿，可以调整浮漂位置与铅坠大小，使钓钩半浮于水中适当位置。这种方法的缺点是浮漂随风移动，不好固定钓点。最好采取定点浮钓法，也就是安装较重的铅坠，使钓点固定。钓钩距铅坠较远，调整好浮漂使钩悬于水面以下合适的位置。

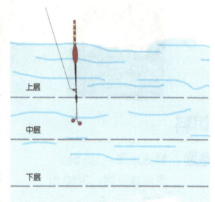

若选择海竿，那么海竿的顶点浮钓法更为适用，在钓具组合上主要利用活铅坠、大浮漂，鱼钩拴在距浮漂约50厘米处，与浮漂相连共同移动。

台钓钓法

用台钓组合垂钓，钓钩处于入水30厘米左右的水域。浮漂调4目钓2目。钓饵可用面粉四份、糯米粉两份、牛奶粉一份、椰蓉粉一份、老鬼鱼饵香精一份的比例配成粉状。双钩蘸水后再蘸钓饵，反复几次后，使粉饵在钩上包成小团，即可入水垂钓。诱饵可用此粉或面粉调水，进行打窝。可以选择每隔20分钟补窝一次。采用这种方法，鱼吃食时浮漂的反应为以下几种：1.浮漂缓缓上升1~2目后，向下有力一顿；2.浮漂在1目范围内上下抖动；3.浮漂快速上升超过2目；4.浮漂左右晃动，然后向下一顿等，此时均为提竿的好时机。

注意事项

鲢鱼的耐低氧性极差，因此，它们大多会选择在水体的中上层生活，原因在于水体的中上层溶氧量比较高。倘若水面范围较小，同时有大量鱼群聚集时，鲢鱼便会因为水下缺氧而浮到水面上来。如果出现持续的阴雨天气，大气压力较低，这时鲢鱼塘中的鱼类便会陆续窒息死亡。

黑鱼 6.8

黑鱼又名乌鱼、财鱼、蛇鱼、生鱼、火头鱼等，体形长且圆润，鱼鳞细为黑色，且带有斑点和花纹。身像腹蛇，嘴内有舌、齿。背腹长有刺，刺一直连续到尾部，尾无分叉。

黑鱼的生活习性

黑鱼属于底栖性鱼类，一般来说，黑鱼会选择栖身在水草丛生的静水或是缓流水域，它通常都在水底活动。黑鱼分布在湖泊、江河、水库、池塘等水域。

黑鱼对于环境变化的适应性极强，具有惊人的耐缺氧性，同时对于水体温度和不良的水质有着超强的适应能力。当水体溶氧量降低时，黑鱼会将头露出水面呼吸。而且在少水甚至是在无水的浅滩地带，黑鱼也能生存较长的时间。黑鱼的适应水温为 0~41 度，最好是在 16 度 ~30 度的水温中生存。每当春季到来，水体温度达到 8 度以上时，黑鱼会选择在水体中上层活动。到了夏季，黑鱼便会在水体的上层活动。夏季过去秋季来临时，水体温度会逐渐下降到 6 度以下，这时黑鱼便会选择潜伏进水深处。到了冬季水温降至 0 度时，黑鱼会选择蛰居在水底淤泥中停食越冬。

黑鱼的跳跃能力较强。遇到天气闷热或是下雨涨水时，黑鱼常常会跳出水面。如果它生活的水域中食物来源不足时，黑鱼便会向其他水域转移。

黑鱼的分布

分布于热带的非洲及亚洲淡水流域。我国除西部地区的黄河湾湿地较多外，其他西北地区极少分布。

钓具介绍

钓黑鱼一般选择 7~10 米硬竿；鱼线选择直径为 0.6 毫米左右的尼龙线；钓钩选择 12 号以上的伊势尼大鱼钩；铅坠选择 50 克以上的大铅坠。

饵料

钓黑鱼的饵料有玉米粒、小虾、小鱼、泥鳅、蚯蚓、蜻蜓、青蛙等。常用的是小虾、小鱼、蚯蚓等荤饵。

钓点

1. 春天钓点的选择

春季近岸处背风向阳的浅水区水草丛中水温回升速度较快，非常有利于水中的浮游生物和昆虫的生长和繁殖。水温的升高会吸引大量的小鱼、小虾到此聚集觅食。这时喜温的黑鱼就会来这里觅食小鱼、小虾，以补充冬天消耗的能量。因此，春天选择潜水水草丛作为钓点钓黑鱼是十分合适的。

2. 夏天钓点的选择

夏季的高水温使黑鱼很快从生长期过渡到了繁殖期。因此应该把钓点定在近岸背风、向阳的浅水区水草丛的亮水面上，因为黑鱼会把产卵的窝点选在这里。

3. 秋天钓点的选择

初秋白天炎热，早晚凉爽，此时是垂钓黑鱼的绝佳时段。若选择在高温的白天垂钓黑鱼，应该选择池塘边的石堆中或是在草丛这些阴凉的地方作为钓点，因为黑鱼会在这些地方纳凉。

钓法

对口钓法

北方的3~5月初，都是用对口钓法垂钓黑鱼的最佳时段。此时黑鱼会为了补充身体所需的养分而各处觅食。在这个时间段内，垂钓者在水草丛生的河渠浅滩，或是菖蒲、芦苇和蒿草繁茂的水域都可发现黑鱼的身影。尤其是在晴天的中午，时常可隐约见到黑鱼在水草中休息。当垂钓者找到黑鱼后，应选择硬直长竿，系上直径较粗的钓线，选择大号的钓钩，用小虾或小青蛙作为饵料，下钩时的动作要慢且轻，将钩饵准确地投进黑鱼前方1尺左右的水草中，上下轻轻提竿，以吸引黑鱼的注意。

守窝钓法

我国北方的 5~7 月，是黑鱼的繁殖期，因此守窝钓法在这个时段便是垂钓黑鱼的最好方法了。雌鱼在产卵前，会先寻找类似于湖边草滩、河渠避风处或是向阳处作为产卵地。假如垂钓者在位于水边的茂密水草中发现圆形的空窝，很可能近日内黑鱼便会来这里产卵。钓者只要在接近水边的长草处寻找，定能发现窝点。但是发现空窝点是无济于事的，要发现已产卵的窝点才有希望。

在发现有卵的窝点后，垂钓者应在窝点附近，选择一个隐蔽的钓点。若没有，也可以用树枝、芦苇做个隐蔽的小屏风，以便守钓。钓具同样可以采用长竿、短粗鱼线，不带浮漂，绑大号钓钩。钓饵选用小青蛙或大河虾等。上饵后，提竿轻轻投钩在窝点里，做拍打动作。黑鱼发现后会认为是危险信号，便会为了保护幼鱼而拼命咬钩。

注意事项

钓黑鱼时需要的是垂钓者的耐心和细致，在砸击水面探钓的同时，还要仔细查找，做到及时辨别黑鱼卵和小黑鱼群的位置。只要发现目标，钓到黑鱼的可能性就极大。当黑鱼吞钩时不可太急于提竿，要等第二次或是第三次吞咽后再将钓竿提起，这样可以防止脱钩现象的出现。

黑鱼生性凶猛，将鱼遛到岸边时，切不可用手直接去抓鱼，要选择抄网将鱼抄起。另外，摘钩时要选择摘钩器进行摘钩，不可将手伸进黑鱼嘴中，以避免不必要的伤害。

6.9 青鱼

青鱼身长，形似筒状，腹平且圆，没有腹棱，尾部微侧扁。吻部较钝，眼距约为眼部直径的3.5倍。青鱼的鳞片较大，近似圆形。身体为青黑色，背部为深青黑色，鳍为灰黑色，偶鳍颜色较深。

青鱼的生活习性

青鱼生性胆小，一般情况下，都会栖息在水体的中下层。主要摄食对象以蚌、蚬、螺蛳、蛤等贝类动物为主，也会经常摄食一些小虾或是昆虫幼虫等。青鱼在鱼苗阶段，会主要摄食一些浮游动物。青鱼的生长速度较快，成鱼的体重能达到70克，个体较大。

青鱼属于择食而居的鱼类，大多会集中在食物来源丰富的江河、湖泊等地。到了冬季，青鱼会潜至深水区过冬。青鱼的耐低氧能力与草鱼相近。

青鱼对水温的要求不是很高，一般水温在0.5度~40度范围内都能存活。繁殖和生长的最佳温度为22度~28度，比较喜欢在pH值稍高的微碱性清瘦水质中生活。青鱼每天的摄食量基本为自身体重的40%左右，在生长环境和条件都最佳的情况下，有可能达到60%~70%。幼鱼的身长为7~9毫米，此时便会进入混合性营养期，这个时期的幼鱼会继续利用自身的卵黄补充养分，同时开始摄食一些类似于轮虫或是无节幼虫等食物。当身长为10~12毫米时，会摄食一些桡足类、枝角类和摇蚊幼虫。体长达30毫米以上时，青鱼的食性会渐渐分化，开始摄食一些小螺类的贝类动物。

青鱼的分布

主要分布于我国长江以南的平原地区，长江以北较稀少。

钓具介绍

钓青鱼一般选用6.3米以上的硬调长竿；鱼线选择4号尼龙线；钓钩要选择钩条粗壮、钩门较宽的类型。

饵料

1 麦麸：200 克

青鱼成品饵：1 袋

草鱼成品饵：1 袋

配置方法：将上述材料倒入容器中混合，加入适量的水，将其和成软硬适中的面团状物。

2 红薯：7/10 份

面粉：3/10 份

配置方法：将红薯洗净，上锅蒸制八分熟，将蒸好的红薯放入盆中晾凉，加入适量面粉，用手将其揉成团状即可。

钓点

1. 选择栖息地

浮游生物、昆虫草屑或是小鱼、小虾和螺蛳的集中之处，是青鱼喜欢停留的地方。青鱼也喜欢在水草、乱石和杂物堆砌的场所栖身。池塘进水口的附近、桥墩的后面、河塘边有回流的地方也是它经常栖息的地点。

2. 选择天气

垂钓青鱼，要选择天高云淡，气压较高，最好是微风拂面的天气。有微风的天气会使水体中的溶氧量增高，这时青鱼的食欲也会因此提高，因此上钩的概率较高。

钓法

池塘钓法

　　选择 6 米以下的钓竿，鱼线的长度要与鱼竿等长。钓钩选择单项或是双项皆可。饵料选择将螺壳敲碎或是将螺丝肉、蚌肉煮熟剁碎，与米饭、米汤混合成团后，投入钓点中。用螺丝肉、蚌肉和面粉、鱼粉混合搅拌成团，作为钓饵。上饵后，将钓饵抛入窝点处，慢慢等待青鱼上钩。

　　当发现浮漂慢慢下沉、没入水中时，便可提竿遛鱼，待青鱼疲惫无力后，将其用抄网抄起。在遛鱼的过程中要有一定的耐性。因为青鱼体大，耐力较强。

江河钓法

　　用钓钩从螺蛳外壳边缘刺入，从壳背穿出，钩尖微露。将钓饵放入水底岩石较多的缓流和急流的交界处。事先准备好一个浮筒，将鱼线的一端系在鱼钩上，另一端系在浮筒上。为了控制浮筒，要在浮筒的两端系上两块石头，防止浮筒漂走。

　　在江河中垂钓青鱼，垂钓者最好乘船至江河中心。将浮筒放置在水中，当浮筒竖立，上下浮动时，便可收筒取鱼。

注意事项

　　垂钓者在自然水域垂钓青鱼时，可以优先选择水流较缓的地方作为钓点。要是在池塘或是一般范围较小的养殖水域进行垂钓，选择水深处作为钓点比较合适。

　　在青鱼上钩后，要紧绷钓线，尝试用钓竿的弹性和青鱼周旋。注意保持竿身和水面呈 45 度角。切忌不要将竿身放平，避免钓竿被鱼拖入水中。

鲂鱼 6.10

鲂鱼又称鳊花、油鳊、长身鳊，背脊较高，体侧扁，头部小，呈菱形状。背部为青灰色，体侧为银灰色，体侧有带状紫黑色条纹，腹部为银白色。

鲂鱼的生活习性

鲂鱼经常栖息在水体的底层，尤其是淤泥或石砾较多的水域，属于中下层鱼类。鲂鱼是杂食性鱼类的一种，摄食对象主要以植物为主。鲂鱼在幼鱼阶段主要会摄食一些浮游动物，也会摄食少量昆虫、淡水甲壳类动物或是软体动物的幼体。成熟的鲂鱼主要以工苔草、轮叶黑藻、软体动物，或是湖底的植物碎屑、丝状绿藻、马来眼子菜、淡水海绵、聚草和菹草为食。个别鲂鱼也会摄食一些螺蚬类、水生昆虫或是小虾、小鱼。鲂鱼每年5~6月繁殖产卵。冬季来临，水温降低，鲂鱼会选择集中到深水区的石隙中过冬。

鲂鱼的分布

主要分布于我国长江中、下游附属中型湖泊。

钓具介绍

钓鲂鱼一般选用3.6米以上的软调竿；主线选择1.5号的尼龙线，子线选择1号的尼龙线；鱼钩要选择钩条较细、钩门稍窄的钓钩；一般选择伊势尼5~7号钓钩。

  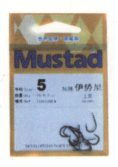 

饵料

麦麸：200 克

玉米面：200 克

谷子：150 克

商品饵：150 克

红虫：50 克

蚯蚓粉：100 克

配置方法：将麦麸、玉米面、谷子放置锅中炒香，加入红虫和蚯蚓粉，将诱饵粉加入湖水拌成团状。

钓点

1. 选择聚集地

垂钓鲂鱼要选择它们喜欢群居的水域作为钓点，如长有茂盛水草的近岸水域、水体颜色较净并且水位有落差的水域，或是进出水口和深水、浅滩的交汇处。以上水域的优点在于饵料富足，水体溶氧量较高，都属于鲂鱼喜爱聚集活动、觅食的水域。

2. 选择水温

通常气温下降时，水温便会随之降低，此时鲂鱼便会潜至水体的底层活动。假如以 3 米深的水域作为钓点，在水体温度在 20 度上下时，鲂鱼会选择在距离水底 20 ~ 30 厘米的水层活动、觅食。在水体温度达到 25 度以上时，鲂鱼则会选择游至水体中上层活动觅食。

钓法

长竿短线钓法

　　长竿短线的钓法常被用于杂草较多的水域。垂钓时，要将钓点选择在草缝间下钩。首先，准备一些用酒泡过的小米，做打窝的饵料使用。然后，选择鱼饵。可选择红虫、蚯蚓等新鲜活饵作为钓饵。将上好饵的鱼钩顺着草缝垂入窝点。找个隐蔽安静的地点，手握长竿等待鲇鱼的上钩。要不时地轻微抖动钓饵，以吸引鱼儿的注意。当浮漂有动作时，应根据情况及时提竿。

浮钓法

　　浮钓法就是在水面以下 30～50 厘米的水域进行垂钓。选择手竿，调整浮漂位置与铅坠大小，使钓钩半浮于水中适当位置。

　　当选择浮钓法钓鲇鱼时，一般是在水草较多或是水生植物较多的水域。鱼钩上饵后，将饵钩抛向水生植物的缝隙中，钓饵多选择红色蚯蚓。在南方的冬季，水不会结冰。在这两种情况下选择浮钓法最佳。

桑葚钓法

　　在我国南方地区，在水边常能见到桑葚树。到了夏秋季节，桑葚熟透，时常落入水中。这便成为鱼的好饵料，鲇鱼会争先抢食。因此，可以利用这样的机会，选择将桑葚做成钓饵，将饵钩投入水中，进行垂钓。要注意的是，因为在树下进行垂钓，所以要选择短线垂钓。

注意事项

　　当标讯提示有鱼上钩时，垂钓者要注意不可用力或急忙提竿。正确的方法是，使用手腕轻抬钓竿将鱼钩牢。避免鱼钩伤及鱼嘴，造成脱钩。

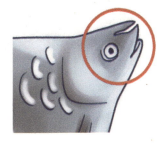

6.11 鲶鱼

鲶鱼，又名鲇鱼、黏鱼、塘虱鱼、胡子鲢、生仔鱼。鲶鱼的主要特点是全身无鳞，体表布满黏液，头扁口宽，颌部长有两对胡须，背部颜色较深。

鲶鱼的生活习性

鲶鱼通常生活在江河、湖泊水体的中下层，喜欢栖息在水草茂盛、水流缓慢的水体底层，属于中下层鱼类。鲶鱼喜欢夜间活动觅食，白天大多选择栖息于水底。鲶鱼比较习惯于在浅水区觅食，每年秋季过后，鲶鱼便会潜至深水区或是污泥中过冬。鲶鱼的主要摄食对象是一些小鱼、虾类和水生昆虫等，属于底栖肉食性鱼类。鲶鱼捕食时会藏身于水草根茎茂密的水下，静等猎物接近将其一口吞下。鲶鱼一般在较脏、较浑浊的水体中生活得更好，生长速度也比较快。

鲶鱼的眼睛较小，视力较弱，喜夜行。主要靠嗅觉和触须来捕食，生性贪食，食量随气温的升高而变大。阴天下雨和夜间活动较为频繁。

鲶鱼成熟较早，生长一年便已成熟。长江以南产卵期为 4 ~ 6 月之前，长江以北产卵期为 4 ~ 6 月之后。鲶鱼在幼鱼阶段，主要以摄食浮游动物和软体动物为主，以摄食一些水生昆虫的幼虫或是虾类为辅。生长到 500 克以上的鲶鱼，便可以吞食鲫鱼和鲤鱼等鱼类。鲶鱼的最大个体可重达 40 千克以上。

鲶鱼的分布

鲶鱼主要分布在以赤道为中心的热带地区，除了南北极地以外的所有大陆都可以见到它们的踪迹。

钓具介绍

钓鲶鱼一般选用3.6米以下的短手竿居多；鱼线选择4号尼龙鱼线；钓钩选择钩柄较长的大构型比较合适，例如，8号以上的伊豆钓钩等。

饵料

水蛭、小泥鳅、大青虫、蚯蚓、蚂蚱、鸡肝、羊肝、牛肝、鸡肠、鸭肠、猪肝等都是垂钓鲶鱼的有效钓饵。鲶鱼喜爱吃荤饵。

钓点

1. 选择时间

垂钓鲶鱼要明确鲶鱼活动觅食的时间。例如，阴雨天气到来，雨水将大量的饵料冲入水体中，这种天气会为鲶鱼的觅食行动增加隐蔽性，大量的饵料入水也吸引了鲶鱼的注意力。没有风雨的夜晚也是鲶鱼喜爱活动觅食的时间，可以选择这样的夜晚进行夜钓。

2.选择聚集地

鲶鱼不喜强光，通常会选择桥洞、江河近岸的石隙、堤坝、天然岩洞或是泄洪口等水域栖身。繁殖期则会选择茂盛的水浮萍、水葫芦、水花生等水生植物下面的水域作为繁殖地。

秋季垂钓鲶鱼应该选择在雨后的进出水口处水域。一般来说进水口水域的溶氧量较高，会吸引大量的鱼虾来此觅食。此时，鲶鱼便会利用进水口附近的水草、石块隐蔽身体，等待猎物上钩。因此这种水域是鲶鱼聚集的地方，属于垂钓的绝佳地点。

钓法

手竿钓法

用手竿钓鲶鱼，一般选择3~4米长的中短手竿；鱼线可以选择直径为0.3~0.4毫米的鱼线；钓钩选择8~11号的伊势尼鱼钩。

将钓点选择在江河湖或是水库2~3米深的水域进行垂钓。

钓饵选用带有腥臭味道的荤饵最好。上好饵后，将饵钩投掷湖中，不时摆动引起鱼的注意。当浮漂被拉入水下时即可提竿。

夜钓法

根据鲶鱼怕光的特点，我们可以在夜间进行垂钓。

若是在鲶鱼游到岸边觅食的季节，就可以选择近岸夜钓法。用一米左右的竹竿系上歪钩，用蚯蚓、小泥鳅等作为鱼饵，在岸边每隔 10~20 米处设一只钓竿，夜晚下竿，可在第二日凌晨收鱼。

若不是在鲶鱼游到岸边觅食的季节，便可以选择远岸夜钓的方法进行垂钓。在使用这种方法时，要选择长线。准备一条 30 米左右的鱼线，在鱼线的前段加上铅坠，同时按照每米鱼线 3~4 个鱼钩的数量系上鱼钩。在鱼线的另一端系上一块薄木板。将饵钩抛向目标水域，将鱼线固定在竹竿上即可等待鲶鱼上钩。

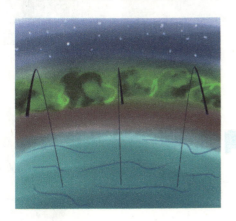

30 米

注意事项

鲶鱼贪食，性情凶猛。因此在钓鲶鱼时，钓钩一定要牢靠。在鱼线的选择上不用考虑隐蔽性，要选择粗线大钩，才能万无一失。

鲶鱼十分喜爱荤食，更爱捕食活饵。因此，在垂钓的过程中，应尽量选用活饵。

七、

常见海水鱼种篇

石斑鱼 7.1

石斑鱼又称绘鱼，主要分布在我国南海，种类较多。其中的优良品种有大青斑、芝麻斑等，又以南海产量最多，是南方沿海垂钓者十分喜爱垂钓的名贵鱼种之一。

石斑鱼的生活习性

石斑鱼一般体型中长、侧扁、色彩艳丽、变异甚多，常呈褐色或红色，并具有条纹和斑点。石斑鱼嘴很大且牙细尖，有的扩大成犬牙，背鳍和臀鳍硬棘很是发达。鱼肉质细嫩、香甜可口，多蛋白，少脂肪，且营养价值极高。石斑鱼多栖息于热带及温带海洋，喜栖息在沿岸岛屿附近的岩礁、砂砾、珊瑚礁底质的海区，一般不成群。栖息水层随水温变化而升降。春夏季分布于水深 10 ~ 30 米处，盛夏季节也会在水深 2 ~ 3 米处出现，秋冬季当水温下降时，则游向 40 ~ 80 米较深水域。适温范围为 15 度 ~ 34 度，最适水温为 22 度 ~ 28 度。适盐范围广，可在盐度 10% 以上海域生存。为肉食性凶猛鱼类，以突袭方式捕食底栖甲壳类、各种小型鱼类。

石斑鱼的分布

我国沿海和西沙群岛、南沙群岛海域多有出产，是大中型暖水性海产鱼类。

钓具介绍

石斑鱼通常需船钓。船钓时使用手线钓组，母线用拉力 18 公斤或线径 0.6 毫米以上的尼龙线，下接连接环坠为 60 克通芯坠，置于母线末端。连接环之前，坠下以钢丝代替子线，系单钩或上下双钩，也可加置单翅天秤，在翅尖系钩。

饵料

石斑鱼的味觉和嗅觉都很灵敏，性虽凶残，但咬钩谨慎而挑剔，喜摄食鲜活的鱼虾。对装钩后失去活力的鱼虾缺乏兴趣。所以用小鱼和鲜虾为饵时，钩尖刺入的部位应尽量在尾部，这样才能使饵保持鲜活，从而诱鱼上钩。

钓点

有许多新手常埋怨石斑鱼难钓，很有可能是他们钓点没选对或钓法不得当。石斑鱼，听其名便知它和石块、礁石类有关。由于它不做长距离的游动，又喜吃活食，所以会藏在石洞或礁石群等复杂地带。钓者一定要选在海岛礁洞、岩礁丛生和深水码头等处垂钓，而码头又要选底部整面平实的，即像一面墙壁一样。整个码头从上到下都是由石块一块块拼装起来的，其间有许多石洞和伸缩缝，这些伸缩缝可是石斑最喜欢藏身和觅食的地方，原因有二：一是这里海水平静，很少有大浪；二是伸缩缝较深，隐藏方便也容易逃避天敌。

钓法

钓石斑鱼的方式有船钓和矶钓两种，矶钓多为娱乐性垂钓。

石斑鱼的咬钩有先叼后吞的特点。在向饵发起冲击衔钩后会急速后退，此时虽手感明显或见竿梢明显下压，却不宜收线和扬竿。应松线下坠或执竿静候第二次反应后才能钩住鱼唇。石斑鱼的视觉较差，反应迟钝。手线钓时，应采取探钓的方式，不断地反复提拉钓线，以饵的动感来引起鱼的注意。矶钓使用抛竿时要选择加强型的超硬调鱼竿和强劲绕线轮，拽力钮的控制应旋到极限，否则是耐不住鱼的冲击的。石斑鱼被提离水面后，要注意立即采取排气措施。具体办法是预先备好一根长10厘米的钢针，在鱼平卧甲板或地面后，立即将针由胸鳍掩住的鱼体内侧向腹腔刺入2～3厘米深，以穿透腹腔排气。

旗鱼 **7.2**

> 旗鱼属于鲭亚目旗鱼科，又名芭蕉鱼，太平洋热带及亚热带大洋性鱼类，是公认的短距离游泳速度最快的鱼类。

旗鱼的生活习性

旗鱼种类较多，主要有真旗鱼、目旗鱼、黑皮旗鱼、芭蕉旗鱼等，其习性大同小异。旗鱼体长，稍侧扁，长可达 5 米多，一般形体重 60 千克以上，有的可达 600 千克以上。前颌骨和鼻骨向前延伸，构成尖长喙状吻部，形似宝剑。体呈青褐色，有灰白色圆斑。第一背鳍长而高，有黑色斑点，像随风飘展的旗子，故称旗鱼。

这种鱼为热带和亚热带大洋性上层鱼类。性凶猛，游泳敏捷迅速，攻击目标时，时速可达 110 英里（约每小时 177 公里），还可潜入 800 米深的水下。

旗鱼的分布

旗鱼分布在大西洋、印度洋及太平洋中。印度尼西亚、日本、美国和我国的东海南部和南海等水域，均有它的踪迹。

饵料的选择

　　旗鱼属于肉食性鱼类，主要以鱼、乌贼、秋刀鱼等为食。钓饵最好选择鲜活的飞鱼、乌贼、鱿鱼、秋刀鱼等，也可以使用塑胶制的乌贼、小鱼、大虾等作为拟饵。

钓法和设备

拖钓法

　　拖钓和拉钓是钓旗鱼的两种主要方法。

　　进行拖钓的时候，一定要使用专业的拖钓艇和专业的钓鱼装备。钓竿要选择能承受 30 ~ 80 磅拉力的拖钓投竿。钓具还要有大型的绕线轮，在出钓前要先卷上直径约 1 毫米的 40 号优质尼龙线，母线为 300~500 米的尼龙线。子线末端装拟饵或坚固的钓钩。在母线的下端要通过大型返捻环连结"鸽子"，"鸽子"下端通过反捻环连结 3 ~ 3.5 米钢丝子线。这么做是为了能够让钓组飘浮于水面，更好地捕获鱼儿。钓金枪鱼所用到的钓具与钓旗鱼的一样。

　　首先要找好钓点，即找到旗鱼的踪迹。旗鱼在游泳时，它的背鳍和尾鳍往往会经常露出水面来。我们根据鱼鳍的动态就可以判断出旗鱼群的游向。把钓组抛到旗鱼游向的前方，这时候只要旗鱼能发现饵料，它就会大口地张着嘴巴吞吐饵钩，旗鱼咬钩后放出母线，当旗鱼被拉出 200 米左右时，放缓母线的出线。此时钓者就应该反复地放线、卷线、引遛。等到它疲劳没有力气的时候，就是钓者捕获的时候。正常的情况下，要遛到 3 个小时左右的时间，就可以捕捞上船了。

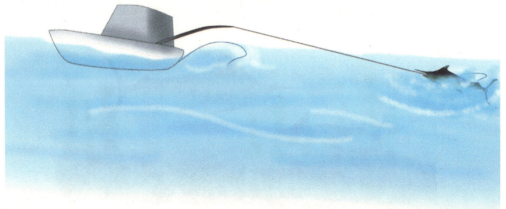

拉钓法

拉钓的时候，首先要准备好一只钓鱼专用的船。一般是采用"钓切"的方法来钓获旗鱼的。"钓切"的意思是在船的两边各伸出一根拉力大、韧力强的 6 米大竹竿。用不同粗细的线绳将母线捆在竹竿前端，捆线通常捆三道。最前端的捆线要细一些，第二道捆线稍粗，第三道捆线最粗。用坚固的棕榈绳充当母线。子线也用钢丝制作。母线末端拴缚直径为 20 厘米左右的球形浮漂。将 500 米左右长度的母线分别盘绕在两个筐里就可以了。

将装有设备的渔船驶向钓场开始施钓，当发现有旗鱼洄游时，将钓组抛入水中以后耐心地等待鱼讯的到来。鱼讯出现时，拴捆母线和竹竿的线绳就会逐渐地产生断裂，当最后一道线绳断开后，开始放筐子里的线，等到线慢慢地缓下来时猛然拉动母线，在两者的合力下，不间断地拉线、放线、引遛。当旗鱼耗尽所有的力气时，就可以把它捕捉上船。

注意事项

大多数旗鱼的形体较大，性情凶猛。所以，在捕捞上船时，需用木槌照准它的头部猛力一击，击昏旗鱼，再捕捞上岸。另外，将钓获的旗鱼拖近钓船时，要防止旗鱼疯狂地冲向船弦，用利剑似的长吻撞坏或撞翻渔船。要提前准备好预防措施。还有，如果钓获的旗鱼过大，一定不要强拉硬拽，一旦无法控制旗鱼一定要当机立断——切断母线，确保人身安全。

7.3 梭鱼

梭鱼属于鲻科，身体呈圆锥形，酷似过去织布机上的梭子，故此而得名。梭鱼分布比较广泛，很多海域都有它栖息的踪影，因此它是广大钓迷喜欢垂钓的主要对象鱼之一。

梭鱼的生活习性

梭鱼一年四季都在近海徘徊。在北方大约到了 11 月梭鱼就很少咬饵上钩了，梭鱼在冬季基本不吃食。

钓梭鱼最好的季节是秋季，但这并不意味着只要到了秋季找到梭鱼的钓场就能钓到梭鱼。因为海水的涨退是有时间规律的，所以海鱼觅食的时间和大海的潮汛有着密不可分的关系。当潮水涨到八分满时梭鱼即开始采食；潮水涨满停滞一段时间后刚刚开始回退时是梭鱼疯狂进食阶段，退到二分潮时即停止采食。一天会有两次这样的潮汛，每次梭鱼有两个多小时的觅食时间，这两个多小时的时间段是钓梭鱼最好的时机。

梭鱼的分布

近海的鱼类喜欢栖息于江河口以及海湾内，或进入淡水。梭鱼的性格活泼，喜欢跳跃，在逆流中常常成群溯游，吃水底泥土中的有机物。而且它的体型较大，产于我国南海、东海、黄海以及渤海。

梭鱼为港养鱼类之一，有着沿江河进入淡水觅食的习性，且具有明显的趋光性及趋流性。

天气与钓点

垂钓梭鱼的旺季在夏秋，春天和初冬的时候也可以进行垂钓。盛夏来临，气温达到 35℃ 以上，水温也升至 25℃ 以上，绝大多数淡水鱼不思进食，为躲避高温潜入深水或遮阳处。但梭鱼却不怕高温，积极觅食。所以这样的时期，正是钓梭鱼的好日子。

梭鱼觅食还受气压和风向的影响。梭鱼是全泳层鱼类，气压低、风向不合适，它就会上浮到水的上中层。梭鱼觅食在水底，因而不适合钓浮，垂钓者只能等待天气变化时垂钓。从风向上来说，凉爽的北风、西北风、西风最佳，东风、东北风次之，西南风、南风最差。雨后是钓梭鱼的最好时段。

要根据水域和地形的不同采用不同的钓法选择相应的钓点进行垂钓。主要掌握以下原则：手竿钓浅（差不多水深的区域找稍浅些的钓点）、钓水底最好有障碍物、钓老窝子有利。由于梭鱼具有地域集群性和贪食的特点，在同一钓点连续钓几天上鱼之后，就要重新选择钓点了。

饵料

梭鱼算是鱼类中对食物最挑剔的鱼种，这就要求垂钓者严格筛选鱼饵。一般情况下，钓梭鱼最好使用水蚕做钓饵，其他蚕不如水蚕的效果显著。因为梭鱼吃腐植质食物，所以垂钓时最好使用半腐烂的蚕。这样的沙蚕既恋钩，梭鱼又爱吃。如果找不到沙蚕，也可用虾仁代替，但是虾仁挂在钩上不结实，往往是没等梭鱼吞食，水中的其他鱼类会先把虾仁吃掉。在人群扎堆的地方更容易钓到梭鱼。人少的时候，需要每隔一段时间往钓点扔点烂沙蚕，供梭鱼群觅食。

垂钓方法

颗粒和动物性饵料不适合做梭鱼的钓饵，因此手竿传统钓法和抛竿串钩钓法不易钓获梭鱼，手竿悬坠钓法和抛竿炸弹钩法更适合钓梭鱼。

悬坠钓法

钓组配置：选用4.5～6.3米台钓竿，配1.2～2号主线、0.8～1.5号脑线，按气温高低和鱼体大小来决定。宜选用新关东或伊势尼等无倒刺鱼钩，中号或大号巴尔杉木硬尾浮漂。

浮漂调整：在鱼密度较大的海道，宜采用调高目钓低目的方法。这样做的优点是鱼讯多，信号明显；缺点是脱钩率高。在鱼密度不大、咬钩少的水域，多采用调低目钓低目的方法，短脑线用微弯曲的迟钝钓组，以保证成功率。梭鱼口腔较特殊，上颌长于下颌，吃食时上颌首先撞线。若脑线绷直，钩还未进入口内，浮漂已动，这时提竿鱼钩不能扎入鱼嘴，中钩率差，稍迟钝一些能改善这一情况。梭鱼吃食后并不需要抬头调整身体平衡，所以钓组少有抬漂现象，加上大幅下挫鱼讯较少，所以观漂很困难，钓者一定要仔细观察，否则鱼讯稍纵即逝。

海边水域海风较大，风向多变。在风浪来的时候，鱼儿咬钩较勤，但同时也有浮漂走水、观漂困难和钓效变差的问题。这里有两种应付风吹漂移的方法。第一种是"跑铅"钓法，也叫"跑线"钓法。不装脑线和钩，把浮漂调成水平。垂钓时把滑动铅皮座上面一粒太空豆往上拉起10厘米，钓目在水流中露出1～2目即可。铅坠立着到底，脑线平躺水底，水流不会带动铅坠和饵钩移位，漂讯是缓慢下挫。第二种方法是在静水中调整好钓组，更换相同的号数，二钩的钩距拉大到4～5厘米的脑线一副，再在距长脑线2～3厘米处另咬一小坠。垂钓时小坠着底，连同长脑线、钩和饵能拖住钓组不再移位。小坠重量为钩和饵总重时就可应付3～4级的风浪。抛钩定位后，浮漂随水流逐渐没入水中，这时再略微修剪主坠铅皮，增大浮漂上浮力。这种增加小副坠的方法，既避免钩饵的移位又能保持钓组的灵敏度，同时在风浪中浮漂的下挫上浮都能清晰可见。

抛竿炸弹钩钓法

采用抛竿炸弹钩钓法钓获梭鱼效果显著。并且钓获的梭鱼个头较大，跑鱼少。尤其是在梭鱼密度较小或在远处水域活动的情况下，这种钓法更能发挥较好的效果。

垂钓梭鱼的钓组组成、垂钓方法与垂钓其他大型鱼类相同，这里不再细述。值得注意的是饵团，以菜籽饼粉、香糠、鲫鱼饵黏合组成的诱钓饵，既要有一定的黏合度，又可保证入水后在预定时间内溶散，否则不能钓到梭鱼。

注意事项

1. 梭鱼吃食有着十分明显的时间段。夏天早上基本不开口吃食，上午有一小高潮，午后几小时又休息，傍晚咬钩最多。所以钓者不必起早赶赴钓场，可择时进行垂钓，以节省体力。

2. 梭鱼耐力很强并且冲劲很足，所以手竿跑鱼是经常发生的事。想要减少跑鱼，除了正确调整钓组和掌握提竿时机外，还要学会控鱼、遛鱼。使用硬竿的，在提竿初期把鱼拉至水面后，需坚持在水面遛鱼，不让它继续下潜。梭鱼钻在水下层冲撞力极大，1千克以上的梭鱼能挣断1.5号的脑线。如果使用软竿，就应该在中下层遛鱼，以便消耗鱼的体力。在获鱼的初期，不能急于下抄网，即使鱼已浮至水面，逃鱼的可能性也极大。

3. 起鱼的时候一定要使用抄网。手竿不用说，使用抛竿炸弹钩挂住鱼口时，在提离水面的过程中，钩子也极易割破其嘴上的嫩肉，导致鱼蹦跳中落水。

4. 梭鱼的背鳍、胸鳍长有硬刺，卸钩时一定要始终掐紧鱼身不让其动弹，否则当鱼一弹跳，手指及手掌非常容易被钩和硬刺所伤。

7.4 鲈鱼

鲈鱼体型修长侧扁，背部稍隆起，背腹面皆钝圆；头中等大，略尖。体长可达102厘米，一般重1.5～2.5公斤，最大个体可达15公斤以上。

鲈鱼的生活习性

鲈鱼属于杂食性鱼类，喜欢以小糊叶鱼、小鱿鱼、小黄鱼、海虾、墨鱼、乌贼、刀鱼、沙蚕、蚯蚓、岩虫、海蟑螂、草虫、蚕虫等为食。鲈鱼全身银灰色，口大侧扁，下颌突出，背鳍两侧有小黑斑，栖息于近海。鲈鱼性情凶猛，喜欢扑食小鱼、海虾、落水虫。最大的鲈鱼可达二三十公斤，肉质细嫩、肥美，刺少肉多无腥味，是名贵食用鱼类。

鲈鱼属中上层海鱼类，动作迅速，喜捕食各种小海鱼和海虾。在近海海湾水域适合垂钓，每年5~10月是海钓鲈鱼的好季节。春季时天气转暖，鲈鱼离开深水海域，到河口海湾觅食。立夏以后，鲈鱼喜欢到河口附近海域产卵、觅食、育肥。秋季是钓鲈鱼的黄金季节。

鲈鱼的分布

主要分布于太平洋西部、我国沿海及通海的淡水水体中，东海、渤海较多。

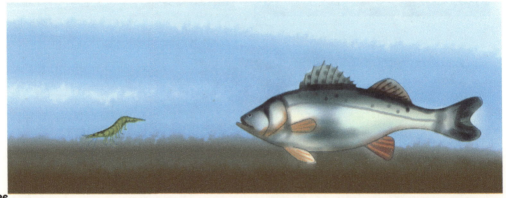

钓具介绍

1. 竿：长度在 3.6 米左右，路亚专用竿最好。注意竿一定不要太细（软），否则容易在遛鱼的时候受力过量而断竿。硬度在 120 号刚好，竿太硬没有弹力容易脱钩和断线以致跑鱼。

2. 轮：用有 3 个轴承以上的中号即可。

3. 主线：最好是进口布线和 6 号尼龙线。

4. 坠：中通圆铅坠，中间串 8 ~ 10 绞的白钢丝，两头围小圈并各安一个大一点儿的转轴，坠重量 1 ~ 2 两，一头连接主线，一头连接子线。

5. 子线：长 80 ~ 100 厘米。线径为 6 纹，而且线一定要坚固。

饵料

垂钓鲈鱼时最好用的活饵有小泥鳅、小白鲦、小鱿鱼、海虾、小黄鱼、墨鱼、沙蚕、乌贼、小鲫鲳等。除此之外，还可用拟饵。拟饵有海鱼拟饵、淡水鱼拟饵、虾拟饵、虫拟饵和乌贼拟饵等。鲈鱼个体很大，小一些的有二三斤重，大一些的可达二三十斤重。鲈鱼刚上钩的时候，冲窜挣扎，力气颇大。遛鲈鱼一定要有耐心，不要生拉硬拽，避免线断、脱钩。

钓法

钓鲈鱼的方法有很多种，主要以沉底钓法、浮钓法和拖曳钓法三种最为常用。

沉底钓法

简单来说就是将鱼饵沉入底层的一种钓法。常用直径为 0.7 ~ 0.9 毫米的尼龙线或塑料线绑上大钩，在大钩以上 20 ~ 30 厘米处穿上一个重约 30 克的铅坠，然后在钩上扎好鱼饵（新鲜的鱼饵更受到鲈鱼的喜爱），然后将其抛至码头、内湾沙砾及礁边。这是最常见的民间手线沉底钓法。这种钓法容易上手，钓具携带也方便。优点为粗线大钩，遛鱼迅速，深受沿海一带海钓爱好者的喜爱。

投竿沉底钓法

另一种方法是投竿沉底钓，它的钓法与沉底钓法大同小异，只是工具先进一些，经常用0.5～0.75毫米的钓线，用迪佳SB6000规格大小轮子，用4.5米海竿或其他投竿，用丸世10号以上大钩，用重30～50克坠。这种钓法的工具先进，遛鱼方便，所以经常被采用。

沉底钓法使用真饵，拟饵不太适宜。

浮钓法

浮钓法就是用浮漂将鱼饵浮于某一水层的钓法。浮游矶钓也属于浮钓法，用泡沫浮材料作浮子的钓法也都是浮钓法。因鲈鱼凶猛，力气大，所以要用粗一些的线浮钓，细线容易断线；其次坠子要小，坠子离钩距离略长，这样漂浮性好；鱼饵动感好，鱼容易上钩。随季节不同浮钓深度不同，气温较低时钓深一些，气温较高时钓浅一些，岸矶钓尽量离礁近一些，约50厘米为宜。

如果在流急处浮钓，可以使用拟饵，用拖拉方法控制拟饵动态，这样上钩率很高。

拖曳钓法

拖曳钓法是指将拟饵投甩出数十米远的急流边，待拟饵落水稍下沉后即摇轮收线，使拟饵在水中的中层游动。当拟饵收回后重新投出，再摇轮收线，直至有鱼咬钩。这种钓法比较消耗体力，适合体力较好的钓者，而且要有较高的钓技。

拖曳钓法又可分为船钓和岸钓，岸钓是在礁上甩钓，而且潮时不会错过，但是起鱼相对较难，易伤线。船钓钓点灵活，起鱼方便，但对垂钓者技术要求较高，要求垂钓者不会晕船，立足稳定。

马鲛鱼 **7.5**

马鲛鱼体形狭长，头及体背部为蓝黑色；一般体长为 25 ~ 50 厘米、体重 300 ~ 1000 克。

马鲛鱼的生活习性

在自然环境中，鱼类有着各自独特的色彩和斑纹，有些鱼类体色与周围环境一致，以达到隐蔽自己的目的——或者迷惑敌人或猎物，或者保护自己或偷袭猎物。生活在海洋中上层的马鲛鱼，背色深，多为蓝黑色、深蓝色或深青色，而腹部色淡，为银白色、白色或淡黄白色。如果从上往下看，鱼体背部与海水的颜色一致，虽离鱼很近，也不易辨别。从鱼体的下面向上看，鱼的腹部和水面的颜色以及天空的颜色很相似，很难区分。

马鲛鱼的分布

分布于北太平洋西部，我国的东海、黄海和渤海，在南海以海南文昌附近海域最为著名。主要渔场有舟山、连云港外海及山东南部沿海，每年的 4 ~ 6 月为春汛，7 ~ 10 月为秋汛，5 ~ 6 月为旺季。

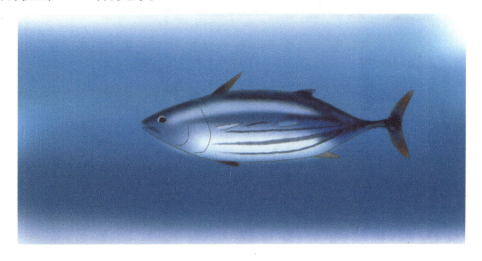

钓法

岛上钓法

钓具　2.4 米左右的硬调玻璃钢海竿，大号的绕线轮，直径 0.37 毫米左右的强力尼龙线 100 米，15 ~ 20 克的空心坠一枚，大号 8 字转环一枚，细钢丝或大号火线的脑线，大号圆形长柄直钩一枚，白色的布条或塑料布若干。

钓点　季大潮汐的早晚，在整个海面发现不远处有大批小鱼飞快地逃窜时，水下一般是马鲛鱼或其他凶猛鱼类。当发现有鱼飞出水面捕捉小鱼时，便能断定是马鲛鱼了。

钓法　将线抛向小鱼逃窜的左右前方，如果抛到后方会吓跑马鲛鱼。在线入水两米左右时将竿压低中速摇回，在摇回 4 ~ 5 米时需停顿一两秒再继续摇回，这样做既像小鱼受伤又像停下来观察动静。当马鲛鱼咬钩时，手中的竿会立刻成大弯，此时不可将线一次性放出，竿始终要保持弯曲，刹车调整钮在钓前要调好，保护竿和线应放在首位。

船钓法

钓具　用约 50 米长且直径为 0.45 毫米左右的强力尼龙线，直接缠绕在手排上，脑线用细钢丝或粗火线，最好不要用 8 字转环连接主线和脑线，太大的转环会加快饵料的下沉速度，活饵无法带动脑线和主线，只能固定在一个水层活动，这样马鲛鱼无法发现活饵。而转环太小又不能承受大马鲛鱼上钩时的拉力。有效的办法是将主线和脑线直接连接不需加坠，这样既不影响活饵的自由活动又克服了活饵只在一个水层的被动局面。

钓点　当海面出现大批小鱼逃窜时将饵抛向鱼群处任由活饵游动。活饵分活鱼和活虾，活鱼的长度为 5 ~ 8 厘米，大小为手中指粗细。活虾用大拇指粗细的基围虾或麻虾最好。

钓法　在用小活鱼穿钩时也有讲究。将钩从鱼口中入、眼中出为好。钩从口中入、眼中出，鱼的灵活性以及成活率都比较高，而且马鲛鱼吃饵一般都是从头开始。活虾也一样，从虾的头盖中间有根硬骨处穿入即可。马鲛鱼吃钩凶猛，往往一口吞入迅速游走，所以手排应放离水面远些或固定在船上，防止不小心被拖入海中。

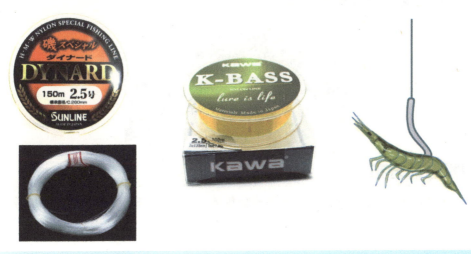

黑鲷，俗称海鲋、青鳞加吉、青郎、乌颊、牛屎鱲、乌翅、黑加吉、黑立、海鲫、铜盆鱼等。

黑鲷鱼的生活习性

黑鲷鱼是在海底层活动的鱼种，除了有时在浅海沿岸活动，多在深达七、八十尺之处活动，偶尔也会跑到有屏障的中上层水域。多数黑鲷鱼喜欢躲在水底礁石后方，因为岩石后方比较避流，黑鲷鱼可以保存体力，随机冲入流水中攫取食物。流水在石头后方形成倒卷的窝流，会把食物卷进来。

黑鲷鱼的分布

黑鲷鱼属于温、热带沿岸杂食性底栖鱼类，分布于中日韩等国的西太平洋沿岸、港沟及海口。其适应环境能力强，耐低温，爱群居，只要钓上一条，便能确认该处附近有一群它的同类在活动。

钓具介绍

1. 矶钓组合

多选用矶钓竿，竿的长短要根据钓位来定。如在上礁石岛屿，在风急浪大的时候，宜选择 5.4 ～ 6.3 米矶钓竿，在码头等附近可选择短些的。小矶轮一个，轮上 523-4 号主线 50 米即可，0 ～ 3B 咬坠若干。

2. 落达钓钓组

选择 5.4 ～ 6.3 米的海竿为宜。使用小型二轴轮，轮上续 3 号线 50 米即可。脑线用长约 1 米的 2 号布线或火线，用歪嘴钩。这种钓法很讲究坠，它的结法和其他不同，坠的大小可做成 0-4B 不等。

饵料

黑鲷鱼属暖温性底栖鱼类，喜欢栖息在岩礁或者沙泥底质的海区，它的食饵一般是小型鱼类、虾类、贝类和环节动物，一般不作长距离洄游。

钓点

钓点的选择要考虑潮流、暗礁、白沫带。选择潮流的时候，首先要找本流，即一个区域内强大的、流度快的、最主要的一股水势。其次找支流，相对于本流而言比较小区域的、流度慢的、不容易引起波浪变化的水势。再次要找潮目，即方向不同的两股（或以上）流水相互交会、撞击，或同方向流速不同的两股水流相互摩擦，造成一个表面平整杂物停滞的水区。接下来要点找回流带，即海域深度改变，或从静止水域旁边流过造成一坨翻涌打转的水团。最后要找反拨潮，即一道道涌向岸际的波浪，然后再返身灌回大海的路径。

暗礁区在海底，因为形态各异，所造成的水流变化也难以捉摸：有时会让海水转弯，有时又会造成回旋；有时让流速减缓，有时又会加快流速。这些变化都发生在靠近海底的地方。这可以说是鱼群最常聚集的地方，鱼群在这里觅食、休息、繁殖并躲避敌害。

接下来说白沫带，潜过水的人都知道，从水下看白沫带其实是略呈半碗形的，越靠近岩壁处的小气泡被海水反冲力量带得越深，但因为空气的比重远比海水小，以至于这些气泡会不断翻腾着浮向海面，所以离岸壁越远的地方泡沫影响深度就越浅一些。

钓法

钓黑鲷鱼的方法很多，比较常用的是矶钓和落达钓。

矶钓钓法

一些新钓手喜欢在主线的阿波标上结一太空豆，以便能在鱼吃钩的时候迅速获得鱼讯。而经验丰富的老钓手则将太空豆反结，即太空豆和挡豆在阿波标的下方，阿波标的上方则无豆，主线和脑线直接连结。在极其自然的情况下任饵漂动下沉，中鱼率极高。此种方法需要垂钓者经验丰富，好多人用此方法都是到了主线缠到水里的东西绷直或压到石底才发现，这容易造成线断跑鱼。

落达钓钓法

春季海矶多数选在防波堤岩壁附近，在鱼成长期之前多使用前打方法。钓组全长6～8米，投点多选前方10米以内，水深7～8米的暗礁深处。垂钓时首先将鱼钩装上饵蟹或是饵贝，看准溯水流向将钓饵投向钓点，使钓饵自然下沉。尽量保持直线，但不能拉得太紧。

鳕鱼 7.1

鳕鱼，指鳕属鱼类，分为大西洋鳕鱼、格陵兰鳕鱼和太平洋鳕鱼。

鳕鱼的生活习性

鳕鱼属于深海冷水性鱼类。它生活在深度 50 米以下的深海区。在我国的黄海、渤海和东海北部沿海渔民又多以该鱼的体态形容称其"大头鱼""大头腥"等，在朝鲜半岛等沿海地区称为"明太鱼"。鳕鱼在我国上述沿海体色多呈粉褐色或灰褐色，背部呈现不规则暗褐色斑块或斑纹。鳕鱼头偏大，尾小且呈楔形，口宽而略斜裂，下颌较短且在下颌前端下方有一触须（这也是有别于太平洋鳕的主要特征之一）。上下颌和犁骨间均有绒毛状细牙。背鳍三个，呈侧三角形。臀鳍两个，而腹鳍则置于咽喉部位，鳞细小，侧线不明显。多栖息游戈于深海海底，一般不做洄游，只是在每年的初冬生殖期（每年的 11 月上旬开始）向近海沿岸做短期迁徙。

鳕鱼的分布

鳕鱼原产于北欧至加拿大及美国东部的北大西洋寒冷水域。它主要分布于北太平洋、北大西洋两侧，一般栖于近底层，由近岸带到深海区。加拿大、冰岛、挪威及俄罗斯是世界上鳕鱼主要的生产国，日本鳕鱼的产地主要在北海道。

在中国鳕鱼主要分布于渤海、黄海和东海北部。

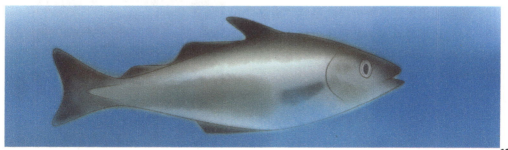

钓具介绍

鳕鱼活动范围多在深海区，深海区水深鱼大，鳕鱼中钓时比其他底层鱼类挣扎力较大，因此钓鳕鱼时钓具多以结实、坚固为主。早时深海沉底式钓法的钓具多采用"手提线"。一根长长的、粗粗的钓线连接重达一斤多重的钓组，放线收线十分麻烦。目前除岛上的渔民和一些传统的老钓友外，大多数钓友多采用专业的船钓竿施钓。

深海钓鱼多会采用较大的钓船，鳕鱼的个体较大，鱼竿选择很重要，除了便于操作之外，还要利用竿体的弧度曲线来起到较好的卸力作用。日本西玛诺船钓竿"海明"系列的 1205-240，都是很好的选择。钓鳕鱼的主线，一般多采用专用的船钓编织线，如日本"桑莱""西格"等都不错，选用 6 ~ 8 号即可，足可以对付 10 千克左右的大鱼了。支线多采用 5 ~ 6 号的尼龙线。钓钩以国际通用标准 18 ~ 22 号锐钩为主，铅坠的配备型号很多，如 150 克、200 克、300 克、400 克不等，以适应施钓过程中不同的水深和海流流速。

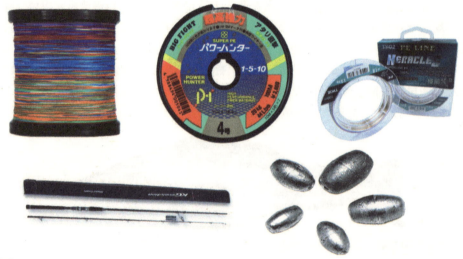

饵料

鳕鱼属肉食性底层鱼类，主要摄食动物性饵料，有大个岩虫、蛤肉、鱼段、章鱼须等饵料。大连沿海的钓友们除使用上述饵料外，还会采用大连当地生产的俗称"海肠"的一种腔肠水蟥类海生动物作饵料。此种饵料颜色暗红，味道较为腥鲜，十分"恋钩"，是钓取鳕鱼非常不错的动物性饵料。

钓点

　　船钓鳕鱼的钓点选择是否合适直接关系到船钓的"质量"。鳕鱼喜欢在泥沙质地且周边有较大障碍物，如沉船、大的水下礁区等地域栖息、觅食，所以采用沉底式船钓法钓取鳕鱼比较适合。

　　第一种是在泥沙质地周边的水下暗礁区垂钓。在暗礁区的沟、缝隙、水下陡崖的夹角、坡底以及周边生长海生植物的区域都是鳕鱼集群栖息、觅食的场所。在那些较大暗礁的缝隙、海蚀洞穴、沟底及附近有着大片泥沙质地的周边，常常是大型鳕鱼的潜伏和蛰居的场所，暗中将钩下到此处，一定会有意外的惊喜。

　　第二种是在沉船钓点。海里面的沉船常常是鳕鱼的主要栖息地，但钓点的沉船经多年潮涌浪侵，又被渔网缠裹或多是不规则的废钢烂铁，极易挂钩、失坠、跑鱼。由此一来，施钓钓组应尽量少栓钩为好。

垂钓方法

　　在远海船钓鳕鱼的时候，能准确地判断和把握鳕鱼的觅食水层是垂钓的关键，并根据不同水层的鳕鱼选择适合的钓组匹配，达到中鱼的目的。钓组不同所施钓饵的选择也不同。

　　钓点选准之后，把钓组放到海底，将主线绷紧，让钓线与钓竿呈90度夹角，安置船舷之上。每隔三五分钟提动钓组晃一晃，用来诱鱼上钩。鳕鱼比较凶猛，吃饵很深，钓竿出现突然一个大弯下拽，伴有猛烈的抖动时，要立即扬竿刹钩，重重钩住鱼唇，同时注意防范鳕鱼常会出现的"跟线"毛病或叫"阴谋伎俩"，当出现这种情况，要在快速摇轮回线的同时，不停地扬竿刹钩，以防鳕鱼在"跟线"中乘钓线松软之时突然甩头挣钩逃脱。一切确认已钩牢时，要慢慢收线，避免拉豁鱼唇。同时，因远海船钓的钓船多船体较高，当收鱼至船舷下时，应备好大口抄网来取鱼。

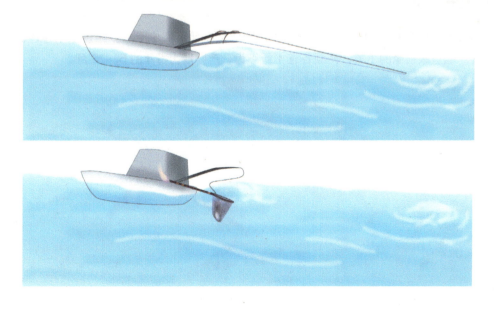

7.8 鲳鱼

鲳鱼属于鲈形目，鲳科。体短而高，极侧扁，略呈菱形。头较小，吻圆，口小，牙细。成鱼腹鳍消失。尾鳍分叉颇深，下叶较长。体为银白色，上部微呈青灰色。以甲壳类等为食。

鲳鱼的生活习性

鲳鱼胃口较大，喜欢吃动物饵料，在吃饱喝足后它喜欢待在池中间，闭目养神。夏季阳光直射及冬季严寒时则喜欢躲在深水里。

鲳鱼的分布

鲳鱼主要分布于中国沿海、日本中部和印度东部近海中下层。鲳鱼以小鱼、硅藻为食。鲳鱼眼前缘的下方，两颌各有 1 行细齿，产卵期为每年的 5～6 月。

钓具介绍

鲳鱼产于南美洲亚马逊河流域。这种鱼上下颌生有两排非常尖利的牙齿，咬切食物如刀似锯，锋利无比。最好用超强力鱼线绑钩，才能防止鱼线被咬断。易用2.4 ~ 2.7米硬调抛竿垂钓；鱼线要用八九磅的；鱼钩要用长柄大鱼钩10 ~ 14号。

饵料

鲳鱼食性颇广，既吃荤饵如小鱼、昆虫、塘虾、蚕虫、蚯蚓等，又吃素饵如米饭、豆渣、花生、豆饼、玉米、酒糟、黄豆等。鲳鱼最喜欢的饵料有活红蚯蚓、黑蚯蚓、蜂蛹、活蚕虫、小鳊鱼、小泥鳅、小杂鱼等。混合钩饵也适合鲳鱼，用蒸熟玉米面窝头、炒香黄豆粉、混合炒香花生粉、虾粉混合后揉成饵料。也可用酒糟、混合蒸熟的玉米粉、虾粉、鱼粉、芝麻粉等混合揉成团做钓饵。

钓法技巧

白鲳咬钩的时候，垂钓者要快速往上扬竿，同时顺势拉引到水面，大一些的鲳鱼可用抄网；小一些的可顺势甩上岸。遇上较大的鲳鱼时，强拉硬提容易断线，可耐心遛它几个回合，等它没有力气的时候，再用抄网兜其上岸，防止强拉硬提断线。

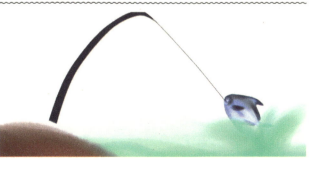

7.9 黄花鱼

黄花鱼又名黄鱼，鱼头中有两颗坚硬的石头，叫鱼脑石，故又名石首鱼。鱼腹中的白色鱼鳔可作鱼胶，有止血之效，能防止出血性紫癜。

黄花鱼的生活习性

　　黄花鱼主要栖息于 80 米以内的沿岸和近海水域的中下层，属于暖温性近海集群洄游鱼类。产卵中的黄花鱼群怕强光，喜欢逆流水域和透明度较小的浑浊水域。黎明时、黄昏时或大潮时鱼儿多上浮，白昼时或小潮时鱼儿下沉。成年的黄花鱼主要摄食各种甲壳动物（虾、蟹、虾蛄类）及小型鱼类。生殖期的黄花鱼食欲下降，生殖结束后食欲增加。

黄花鱼的分布

　　大黄花鱼主要分布于我国黄海南部、东海和南海，小黄花鱼主要分布于我国黄海、渤海、东海等海域。

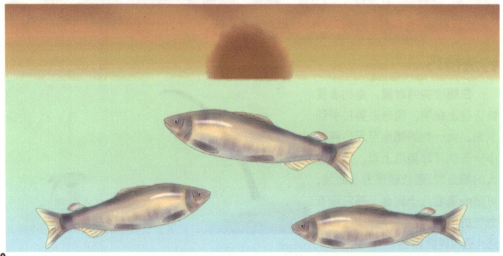

钓具介绍

黄花鱼的性情文静，因此可以选择轻便灵巧一些的钓具，手竿、海竿都可以使用。手竿应选择长度为 5.4 ~ 7.2 米的钓竿，中弹性钓竿非常实用。若使用海竿，可配备中小型绕线轮，钓线可选用 4 ~ 8 号 100 米以上的尼龙线。钓钩可选用胡弓型 215 ~ 217 号、江芦型 617 ~ 619 号、HHH 万能袖钩 7 ~ 8 号、HH 长良友钓钩 7 ~ 8.5 号，铅坠则选用茄子形、枣形、圆盘形或椭圆形。若选用手竿，钓线与钓竿最好一样长。

饵料

垂钓黄花鱼时，无论是采取抛投钓还是船钓，选用钓饵均要用新鲜的沙蚕、鱼虾、矶蚕、鱼肉、海虫等。挂钓饵时，钓尖应露出饵外，以钩住鱼唇。

钓法

在每年春天的谷雨和立春前后，海水温度回升到 15 度左右。这时黄鱼开始靠岸洄游、觅食较为活跃。到了小暑、大暑、立秋这段时间，海水温度上升到 20 度 ~ 25 度，黄鱼活动量逐渐减小，处于半休眠期。到处暑以后至霜降前，海水温度降至 10 度左右，黄鱼开始由浅水游向深水。由立冬到小雪，黄花鱼的食欲日趋减弱，进食量更少。

根据垂钓海域的实际情况，即可使用海竿垂钓，也可手竿、海竿并用。若垂钓者站在礁石上，钓点在礁石缝隙处、岩洞近旁或水边等地方，可选用3～5米的手竿。要是选择堤坝、码头、挡浪坝处或水较深的礁石前方垂钓，一般用3米左右的海竿配中型渔轮线轮，将钓坠顺着挡浪坝边放下去或投到礁石前方的某一深水区。钓坠投下海底或抛到礁石缝隙之后，要向上提起20～30厘米再放下，用来引起附近鱼的注意。钓坠沉到海底后，等一会儿没有鱼咬钩那就可以换个钓点。有鱼咬钩的时候，不要急着向上提，等到钩被拉走或竿尖抖动时再提线。

钓者可根据潮汐的变化、水温的影像等综合因素来选择钓点。在海边礁石上垂钓，应把钓点悬在礁石的周围和潮水流通过的海沟里，而不要选浅水滩地。因为大多数鱼类都不喜欢浅滩的强光。

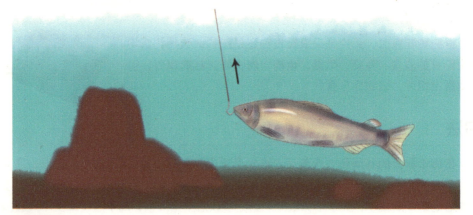

注意事项

1. 黄花鱼的鳔能发出声音，且清晰可闻。垂钓者可以根据鳔声的大小远近，判断出鱼群的多少和地点，以便选择钓点。

2. 黄花鱼喜欢集体活动。夏季的时候尤为明显，常常可以看到成群结队的黄花鱼靠近岸边栖息、觅食。垂钓者一定要把握时机。可用一线多钩时，一竿一次就可钓上五六条鱼。

3. 在垂钓过程中出现鱼讯以后，要立刻提竿上鱼，避免中途晃动，造成跑鱼。

4. 这种鱼夜行性强，垂钓多以夜钓为主，最好预先在竿端贴上反光胶布，以免惊走鱼儿。

5. 钓点最好选在波浪可冲上的地方。有波浪冲刷的地方多为砂底海滨的低洼处，黄花鱼特别喜欢聚集于此。

八、

钓鱼的文明与安全篇

8.1 文明钓鱼

近年来，钓鱼已成为越来越多人喜爱的休闲活动，但随着生态环境的恶化，水资源和鱼类资源的减少，我们已深深地感受到"生态是生存之基，环境是发展之本，文明是进步之源。"

随着生活水平的提高，钓鱼已不再是为了让我们补充营养的食物来源了，而是休闲养性、锻炼身体的娱乐活动。

钓大放小

虽然我国没有明确的法律规定，但希望垂钓者把小鱼放掉。钓鱼本来是丰富人们生活、锻炼身体的一项活动，不应过于急功近利。呼吁广大钓者钓大放小。

带走垃圾

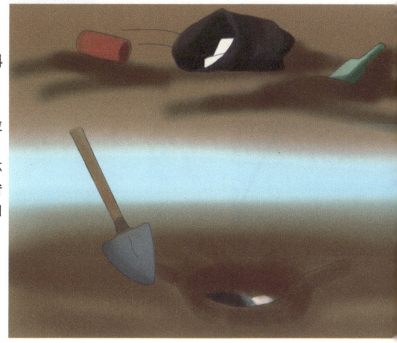

请将废塑料袋、饵料袋（包括剪掉的部分）、烟头（钓鱼人大多吸烟）、废弃的钓线及其他钓鱼垃圾，装在袋子里随身带走，这样做不仅遵循了保护环境的原则，又给其他钓者提供了好的垂钓环境。同时还起到了榜样作用。

不使用化学饵料和添加剂

　　一些无良商家在饵料中使用了对水质有严重污染的诱食剂。请大家不要使用这些东西。这样不仅对环境有污染，吃到诱食的鱼儿再被人们食用，对人们的身体也不好。

不使用倒刺鱼钩

休闲垂钓者尽量不用有倒刺的鱼钩，以免伤鱼或伤了自己。

不炸鱼、不电鱼

电鱼、药鱼和炸鱼对水域的鱼类生态和资源的破坏较为严重，不利于生态资源持续发展，因此这些行为是所有垂钓爱好者和水产监督部门不愿看到的行为。

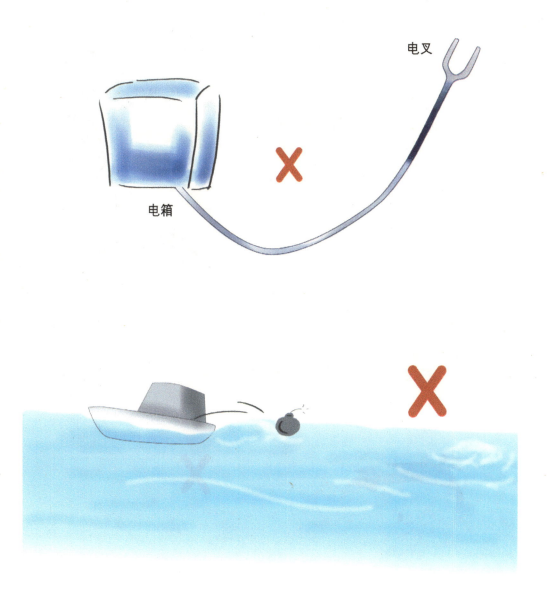

钓鱼安全 8.2

触电伤害

水塘周边常常有高压线存在，碳纤维制作的钓竿是良好的导体。因此，在钓鱼的过程中要预防触电伤害。

鱼钩伤害

一定要小心鱼钩，鱼钩不仅可以钩住鱼儿，还可能伤到自己。

挂底

挂底是很常见的情况，很烦人。一定不要生拉硬拽，要注意自身和装备安全。可以换个角度或方向拉扯一下，或许就出来了。

涌浪伤害

海钓时，一定要注意潮水的涌浪伤害。救生衣和蹬礁鞋等安全装备要穿戴齐全。

要遵守安全警示

　　严格遵守钓鱼场所的规定，不到规定外的地方进行垂钓，以免发生意外事故。

抛竿安全

　　抛竿时要看前后左右，以免鱼钩挂到人或物，预防严重伤害事故的发生。

钓竿卡节

钓竿发生卡节时，不可用蛮力。两节之间相互旋松后即可收纳。

预防儿童伤害

钓具要远离儿童，或者在儿童拿不到的地方妥善保存。